Spezielle Arbeits- und Ingenieurpsychologie in Einzeldarstellungen

Band 1

Herausgegeben von Winfried Hacker

Winfried Hacker

Psychologische Bewertung von Arbeitsgestaltungsmaßnahmen

Ziele und Bewertungsmaßstäbe

Unter Mitarbeit von Peter Richter

Zweite, veränderte und ergänzte Auflage
Mit 30 Abbildungen und 13 Tabellen

Springer-Verlag
Berlin Heidelberg New York Tokyo
1984

Winfried Hacker
Peter Richter

Technische Universität Dresden
Sektion Arbeitswissenschaften
Bereich Psychologie
Mommsenstraße 13
DDR-8027 Dresden

Lizenzausgabe für den Springer-Verlag Berlin Heidelberg New York Tokyo
Vertrieb in allen nichtsozialistischen Ländern

ISBN-13: 978-3-642-95438-2 e-ISBN-13: 978-3-642-95437-5
DOI: 10.1007/978-3-642-95437-5

CIP-Kurztitelaufnahme der Deutschen Bibliothek
Hacker, Winfried:
Psychologische Bewertung von Arbeitsgestaltungsmaßnahmen: Ziele
u. Bewertungsmaßstäbe/Winfried Hacker. Unter Mitarb. von Peter Richter. —
2., veränd. u. erg. Aufl. — Berlin; Heidelberg; New York; Tokyo: Springer,
1984.
(Spezielle Arbeits- und Ingenieurpsychologie in Einzeldarstellungen; Bd. 1)

NE: GT

© 1984 VEB Deutscher Verlag der Wissenschaften
DDR-1080 Berlin, Postfach 1216
Softcover reprint of the hardcover 2nd edition 1216

Inhaltsverzeichnis

Vorbemerkung zum Aufbau der Reihe 7

Einleitung 8

1. Gegenstand und Aufgaben der Speziellen Arbeits- und Ingenieurpsychologie 11

2. Ziele und Bewertungsmerkmale der Arbeitsgestaltung aus psychologischer Sicht 13
2.1. Einordnung und Ziele psychologischer Beiträge zur Arbeitsgestaltung   13
2.1.1. Projektieren von Arbeitstätigkeiten als Teil der Arbeitsgestaltung .. 13
2.1.2. Maßnahmengruppen zur Gestaltung von Arbeitstätigkeiten 14
2.1.3. Festlegung von Arbeitsanforderungen in den Abschnitten der technisch-organisatorischen Fertigungsvorbereitung 17
2.1.4. Ziele der psychologischen Arbeitsgestaltung 19
2.2. Auswirkungen von Arbeitsprozessen als Kennzeichen der Qualität der Arbeitsgestaltung 21

3. System psychologischer Bewertungsmerkmale von Arbeitstätigkeiten in der korrigierenden und projektierenden Arbeitsgestaltung 26

4. Psychologische Bewertung der Ausführbarkeit von Arbeitsaufträgen 31
4.1. Begriff der Ausführbarkeit von Arbeitsaufträgen und seine Stufung . 31
4.2. Ursachen fehlender Ausführbarkeit und ihre psychologische Klassifizierung 32
4.3. Datenspeicher für das Bewerten der Ausführbarkeit 38

5. Psychologische Bewertung der Schädigungslosigkeit (bzw. Gesundheitsförderlichkeit) von Arbeitstätigkeiten 39
5.1. Einordnung des psychologischen Aspekts in die arbeitshygienische Bewertung. Die Bewertungsstufen 39
5.2. Merkmale von Verstößen gegen die Schädigungslosigkeit 42
5.3. Psychologische Aspekte der Schädigungslosigkeit 44
5.4. Beispiele für den Hinweischarakter allgemeiner Gesundheits- einschließlich Befindensbeeinträchtigungen auf Mängel der Arbeitsgestaltung 48
5.5. Psychologische Erklärungsmöglichkeiten des Zusammenhangs von Arbeitsinhalt und allgemeinem Krankenstand 52

6.	Psychologische Bewertung der Beeinträchtigungslosigkeit von Arbeitstätigkeiten	57
6.1.	Formen arbeitsbedingter Beeinträchtigungen	57
6.2.	Stufen arbeitsbedingter Beeinträchtigungen	59
6.3.	Erfassung arbeitsbedingter Beeinträchtigungen	62
7.	Psychologische Bewertung der persönlichkeitsförderlichen Gestaltung von Arbeitstätigkeiten	66
7.1.	Begriff und Stufung der persönlichkeitsförderlichen Gestaltung auftragsbezogener Arbeitstätigkeiten	66
7.2.	Bewertungskriterien und ihre Operationalisierung für das Arbeitsstudium	70
7.3.	Meßbare Auswirkungen persönlichkeitsförderlicher Arbeitsgestaltung	72
7.4.	Quantifizierbare Merkmale persönlichkeitsförderlicher Arbeitsgestaltung	79
7.5.	Vorgehen zur Erfassung der Merkmale	83
7.6.	Analyse und Bewertung von Arbeitsaufträgen bzw. -tätigkeiten hinsichtlich ihrer persönlichkeitsförderlichen Gestaltung mittels Arbeitsuntersuchungen	86
8.	Zusammenstellung von Analyse- und Bewertungsmitteln für psychophysiologische und psychologische Bewertungsmerkmale	91
9.	Anhang	94
9.1.	Datenspeicher zu psychologischen Aspekten der Ausführbarkeit	94
9.2.	Abriß der TBS-Basisvariante	111

Literaturverzeichnis 115

Vorbemerkung zum Aufbau der Reihe

Der vorliegende Text ist Bestandteil einer Reihe zur Speziellen Arbeits- und Ingenieurpsychologie. Diese Reihe baut auf Grundlagen auf, welche die Allgemeine Arbeits- und Ingenieurpsychologie bereitstellt.

Die Spezielle Arbeits- und Ingenieurpsychologie umfaßt folgende Gebiete:
— Methodik psychologischer Arbeitsuntersuchungen [Bd. 3]
— psychologische Grundlagen der Arbeitsgestaltung:
- psychologische Bewertung von Arbeitsgestaltungsmaßnahmen [Bd. 1 und 2],
- psychologische Grundlagen der Gestaltung von Arbeitsmitteln,
- psychologische Grundlagen der Arbeitsorganisation (Organisationspsychologie),
- psychologische Grundlagen der Gestaltung allgemeiner Arbeitsbedingungen;
— Ausbildung und Feststellung beruflicher psychischer Leistungsvoraussetzungen:
- industrielle Lernpsychologie
- lernprozeßbezogene Prüfung psychischer Leistungsvoraussetzungen (Psychodiagnostik im Arbeitsprozeß)

Einleitung

Dieser Text behandelt als erster innerhalb der Reihe zur Speziellen Arbeits- und Ingenieurpsychologie nach einer kurzen Charakteristik von Gegenstand und Aufgaben im kurzgefaßten Überblick die Ziele und Bewertungsmerkmale von psychologischen Beiträgen zur Arbeitsgestaltung.

Warum werden Ziele und Bewertungsmerkmale den weiteren Darstellungen vorangestellt?

Damit Arbeitsmittel, organisatorische Lösungen und allgemeine Arbeitsbedingungen — insbesondere die Arbeitsumwelt — leistungs- und persönlichkeitsfördernd gestaltet werden können, müssen die dabei zu erreichenden Ziele bekannt sein. Aus diesen Zielen ergeben sich neben den technischen und ökonomischen Bewertungskennziffern arbeitswissenschaftliche Maßstäbe für Gestaltungsschritte bei der projektierenden und für eventuelle Umgestaltungserfordernisse bei der korrigierenden Arbeitsgestaltung.

In vielen hochindustrialisierten Ländern legen staatliche Standards fest, daß Erzeugnisse und Verfahren zunächst unter anthropometrischen, arbeitsmedizinischen, psychophysiologischen und sodann unter psychologischen Aspekten zu bewerten sind. Beispiele dafür sind die DDR-TGL 29432 und 31343, der UdSSR-GOST-Standard 16456—70 oder die BRD-DIN 33400. Dem Gegenstand der Psychologie entsprechend, konzentrieren sich die Aussagen dieses Textes auf psychophysiologische und psychologische Bewertungsmerkmale und -verfahren und benennen anthropometrische und arbeitsmedizinische Aspekte nur einordnend. Die fließenden Übergänge zu arbeitsmedizinischen Bewertungsaspekten auf dem Gebiete psychisch verursachter oder vermittelter arbeitsbedingter Gesundheitsstörungen und -beeinträchtigungen sind jedoch bewußt in die Betrachtung einbezogen.

Diese ausschnittsweise Darstellung schränkt die praktische Nützlichkeit deshalb kaum ein, weil für anthropometrische Bewertungsschritte in Form von bewährten Normen und für den Gesundheits- und Arbeitsschutz betreffende Bewertungen in Form der MAK-Werte, der arbeitshygienischen Standards und gesetzlicher Festlegungen zur Reihenuntersuchungspflicht gefährdeter Werktätiger sowie der Arbeits- und Brandschutzanordnungen bereits seit langem differenzierte Festlegungen vorhanden, zusammengestellt und in Gebrauch sind.

Lücken bestehen dagegen bei der psychophysiologischen und psychologischen Bewertung von Arbeitsgestaltungsmaßnahmen. Diese Lücken werden mit dem Zurückdrängen körperlich schwerer und einförmiger Arbeit und dem Zunehmen von „geistigen" oder kognitiven, also Wahrnehmungs-, Behaltens-, Urteils- und Denkanforderungen immer spürbarer. Das organische Verbinden körperlicher und geistiger Arbeitsanforderungen verlangt das Schließen dieser Lücken. Wir stellen uns dieser Forderung, ohne in allen Hinsichten befriedigende oder gar endgültige Lösungen vorlegen zu können.

Zu den Bewertungsmerkmalen gehört auch das Vermeiden ausgeprägter psychischer Ermüdung, von Einförmigkeits- oder Monotoniezuständen, von psychischer Sättigung und von Bedrohungs- oder Streßzuständen. Zur Erkennung, Stufung und Bekämpfung dieser Zustände ist so umfangreiches Wissen erforderlich und vorhanden, daß seine nähere Darstellung nach einer kurzen Einordnung hier in einem zweiten Band erfolgt.

Die bei praktischen Untersuchungen benötigte Methodik der psychologischen Arbeitsuntersuchungen stellt der Band 3 dar.

Für die neue Auflage wurden Überarbeitungen und Ergänzungen aus neuen Erkenntnissen und Verbesserungen der Darstellung bei leichter Kürzung von anderweit nachlesbaren Bezügen vorgenommen.

Für wertvolle Hinweise danken wir W. BACHMANN, W. MÄDER und K.-P. TIMPE herzlich.

Die Autoren

„Gesundheit bedeutet vollständiges physisches, geistiges und soziales Wohlbefinden und nicht nur Nichtvorhandensein von Krankheiten und physischen Schädigungen."
Präambel zum Statut der Weltgesundheitsorganisation (WHO) der UNO, ratifiziert am 7. 4. 1948.

1. Gegenstand und Aufgaben der Speziellen Arbeits- und Ingenieurpsychologie

Die Arbeits- und Ingenieurpsychologie ist eine Querschnittsdisziplin der Psychologie, die jene psychologischen Erkenntnisse und Methoden umfaßt, welche für die Analyse und Bestgestaltung der Arbeitsprozesse bedeutsam sind. Ihr Gegenstand sind die psychisch regulierten Arbeitstätigkeiten von Persönlichkeiten im Zusammenhang ihrer Bedingungen und Auswirkungen.

Unser Grundanliegen in der Arbeits- und Ingenieurpsychologie ist die Beteiligung an der interdisziplinären Aufgabe der Steigerung der Effektivität der Produktion bei gleichzeitigem Erhalten der Gesundheit und Leistungsfähigkeit sowie Fördern der Persönlichkeitsentwicklung aller Werktätigen. Sie stellt damit Grundlagen und Verfahren für solche Rationalisierungs-, Mechanisierungs- und Automatisierungsvorhaben der materiellen und geistigen Produktion, der Verwaltung und des Dienstleistungsbereichs bereit, die humanistischen Zielsetzungen verpflichtet sind.

Das ausdrückliche Einbeziehen nicht allein des Schutzes, sondern der Förderung von Leistungsvoraussetzungen und Gesundheit sowie insbesondere des Förderns der Entwicklungsmöglichkeiten der Persönlichkeit bereits in das Grundanliegen der Arbeits- und Ingenieurpsychologie, entspricht dem Ziel, den wissenschaftlich-technischen Fortschritt mit sozialen Fortschritten untrennbar zu verbinden. Darin wurzeln prinzipielle Unterschiede zwischen den Zielstellungen der Arbeits- und Ingenieurpsychologie im realen Sozialismus und denen der Betriebspsychologie in kapitalistischen Unternehmen.

Die Arbeits- und Ingenieurpsychologie kann unterteilt werden in die Teilgebiete Allgemeine Arbeits- und Ingenieurpsychologie, Spezielle Arbeits- und Ingenieurpsychologie und Methodik der psychologischen Arbeitsuntersuchung.

Die *Allgemeine Arbeits- und Ingenieurpsychologie* befaßt sich mit den durchgängigen, grundlegenden Eigenschaften der psychischen Struktur und Regulation von Arbeitstätigkeiten, die beim Lösen aller Teilaufgaben in sämtlichen Klassen von Arbeitstätigkeiten auftreten (vgl. dazu HACKER 1980). Sie stellt die Teilvorgänge der Zielbildung und Motivierung, des Schaffens einer Orientierungsgrundlage, des Entwerfens bzw. Erinnerns von Handlungsprogrammen, des Entscheidens für Ausführungsweisen und des Kontrollierens der Ausführung an den relativ überdauernden tätigkeitsleitenden oder operativen Abbildern dar. Sie grenzt einander übergeordnete Ebenen der psychischen Regulation ab, die sich u. a. im Grade der Bewußtheit, der Flexibilität und ihres möglichen Beitrages zur Persönlichkeitsentwicklung unterscheiden. Sie behandelt Vorgänge wie Aktivierung und Desaktivierung, Verbalisierung oder psychische Automatisierung, welche die psychische Regulation von Arbeitstätigkeiten verändern. Sie stellt die Beziehungen zwischen Motivierung und Zielbildung einerseits und der Art der Tätigkeitsausführung andererseits dar. Sie analysiert den unterschiedlichen Beitrag verschiedener konkreter Arbeitsbedingungen und konkreter Arbeitsaufgaben zur Entwicklung von Motivationen, Einstellungen und anderen Persönlichkeitseigenschaften im Sinne des Gestaltens sogenannter progressiver, persönlichkeitsförderlicher Arbeitsanforderungen.

Die *Spezielle Arbeits- und Ingenieurpsychologie* behandelt dagegen die zahlreichen Einzelaufgaben der Arbeits- und Ingenieurpsychologie unter gleichzeitiger Berück-

sichtigung der Besonderheiten verschiedener Klassen von Arbeitstätigkeiten wie Montieren, Bedienen von Maschinen, Überwachen automatischer Anlagen oder Instandhalten. Diese Einzelaufgaben, wie das Bereitstellen psychologischer Grundlagen für die Funktionsverteilung zwischen Mensch und Maschine, die Auslegung von Anzeigegeräten, Fließbildern und Bedienelementen, die optimale Kombination bzw. Teilung von Arbeitsaufgaben, die Ermittlung und Verringerung von psychischen Beanspruchungen und Belastungen oder das Entwerfen psychologisch zweckmäßiger Lehrverfahren lassen sich zwei Aufgabenbereichen zuordnen:
Die spezielle Arbeits- und Ingenieurpsychologie trägt bei zu
— Verbesserungen der Arbeitsbedingungen;
— Verbesserungen der Leistungsvoraussetzungen der arbeitenden Menschen.

Der erste Aufgabenbereich umfaßt das Projektieren der regulierenden psychischen Struktur von Arbeitstätigkeiten bei der Gestaltung von Erzeugnissen, insbesondere von Arbeitsmitteln (Ingenieurpsychologie), von arbeitsorganisatorischen Lösungen (Organisationspsychologie) sowie von allgemeinen Arbeitsbedingungen, z. B. der Arbeitsumgebung oder der Pausenregelungen. Als nicht völlig exakte Kurzbezeichnung für dieses Bereitstellen psychologischer Grundlagen für die Arbeitsgestaltung bürgerte sich der Begriff „psychologische Arbeitsgestaltung" ein.

Der zweite Aufgabenbereich umfaßt das Ermitteln und Entwickeln psychischer Leistungsvoraussetzungen, also psychologische Grundlagen für die berufliche Qualifizierung (berufsbezogene Lernpsychologie) einschließlich der Diagnostik von Leistungsvoraussetzungen als Ausbildungsvoraussetzung oder Ausbildungsergebnis (beratende arbeitspsychologische Diagnostik).

Das didaktische Erfordernis des Trennens dieser beiden Aufgabenbereiche darf nicht ihr wechselseitiges Voraussetzungsverhältnis verdecken, dessen Beachtung und Nutzung gerade zu den Kennzeichen marxistischer Methodologie in der Arbeitspsychologie gehört. Veränderte äußere Arbeitsbedingungen einschließlich Arbeitsaufgaben verändern über das Handeln auch die arbeitenden Menschen, können also bei entsprechender Beschaffenheit zur Festigung seiner körperlichen Kondition und der Gesundheit sowie zur Ausbildung von Kenntnissen, Fertigkeiten, Fähigkeiten und Einstellungen beitragen. Umgekehrt bedarf eine gediegene und umfassende Ausbildung auch anspruchsvoller Arbeitsaufgaben, um genutzt werden zu können und sich zu bewähren. Darüber hinaus ist eine entsprechende Qualifikation Voraussetzung für zielgerichtete Veränderungen der Arbeitsbedingungen. Das wird besonders augenfällig am Beispiel der guten Qualifikation von Arbeitern, die Erfindungen und Neuerervorschläge einreichen. Die dritte Feuerbach-These (MARX 1952) beschreibt diese Wechselbeziehungen in ihrer grundsätzlichen Form.

2. Ziele und Bewertungsmerkmale der Arbeitsgestaltung aus psychologischer Sicht

2.1. Einordnung und Ziele psychologischer Beiträge zur Arbeitsgestaltung

2.1.1. Projektieren von Arbeitstätigkeiten als Teil der Arbeitsgestaltung

Konstrukteure, Informatiker, Technologen und Betriebswirtschaftler treffen beim Projektieren und Konstruieren von Erzeugnissen, insbesondere wenn es Arbeitsmittel sind, beim Festlegen von Technologien, beim Ausarbeiten der Fertigungsorganisation sowie dem Festlegen der Arbeitsorganisation fortwährend auch Entscheidungen über die Beschaffenheit künftiger Arbeitstätigkeiten und über die Bedingungen, unter denen sie ausgeführt werden müssen. Beim Projektieren von Technologien, Anlagen, Maschinen oder Werkzeugen und Fertigungsprozessen werden unausweichlich Arbeitsaufträge und somit Arbeitstätigkeiten projektiert. Dieses Projektieren von Arbeitstätigkeiten kann als Nebenergebnis der im Mittelpunkt stehenden technologischen Entscheidungen anfallen oder selbst wenigstens gleichberechtigtes wenn nicht vorrangiges Gestaltungsanliegen sein. Da nicht als erwiesen gelten kann, daß als Nebenergebnis technischer Lösungen anfallende Arbeitsaufträge im Selbstlauf gleichzeitig optimale Arbeitsanforderungen erzeugen, gewinnen Grundlagen für das gezielte Projektieren von Arbeitstätigkeiten an praktischer Bedeutung. Das gilt mit besonderem Nachdruck für eine progressive Art der Rationalisierung, die den technischen, ökonomischen und sozialen Fortschritt als einheitlichen Vorgang anzielt, welche die Technik den menschlichen Bedürfnissen gemäß gestaltet und das produktive Leistungsvermögen und Wohlbefinden des Menschen in der Arbeit anregt (HAGER 1972).

Grundlagen des Projektierens von Arbeitstätigkeiten sind:
— klar definierte technisch-ökonomische und soziale Ziele, die beim Projektieren von Arbeitstätigkeiten erreicht werden sollen;
— nach Möglichkeit wenigstens auf Intervallskalenniveau quantifizierte technische, ökonomische und soziale Merkmale, an denen der Abstand der erreichten Lösungen von den Zielen abgelesen werden kann;
— Zusammenstellungen des zu berücksichtigenden Wissens und der Vorgehensweisen beim Projektieren von Arbeitstätigkeiten.

Ergebnisse des Projektierens von Arbeitstätigkeiten sind technische und organisatorische Lösungen, deren Grundlagen Technologie und Betriebswirtschaft bereitstellen. Darüber hinaus sind beim Projektieren von Arbeitstätigkeiten die körperlichen und geistigen Leistungsvoraussetzungen der einzusetzenden Menschen mit ihren Entwicklungsmöglichkeiten zu berücksichtigen. Das Wissen um körperliche Leistungsvoraussetzungen stellen Anthropometrie, Anatomie und Physiologie sowie Arbeitsmedizin dar. Das Wissen um die geistigen (kognitiven) einschließlich einstellungsmäßigen (motivationalen) Leistungsvoraussetzungen, welche alle Arbeitstätigkeiten regulieren, gewinnt und sammelt die Psychologie.

Die psychologischen Grundlagen von Arbeitstätigkeiten sind aufgrund der Regulation der Tätigkeit durch psychische Vorgänge, Repräsentationen und Eigenschaften zwar wesentliche, aber nicht die alleinigen Voraussetzungen für das Projektieren von Arbeitstätigkeiten durch die Gestaltung von Erzeugnissen, Fertigungsprozessen und Organisationsformen.

Weiter ist zu bedenken, daß das gesellschaftliche Anliegen der Arbeitsgestaltung umfassender ist als das des Projektierens konkreter Klassen von Arbeitstätigkeiten für umschriebene Personenkreise, auf deren psychologische Grundlagen sich der arbeitspsychologische Beitrag konzentriert:

Arbeitstätigkeiten sind Bestandteil des gesellschaftlichen Reproduktionsprozesses. Die konkreten Auswirkungen der Funktion der Werktätigen als Eigentümer der Produktionsmittel bieten zahlreiche Möglichkeiten für eine Arbeitsgestaltung im weiteren Sinne durch das Teilnehmen an der Leitung und Planung, am Projektieren künftiger und Verbessern bestehender Arbeitsprozesse oder am Verbessern von Arbeits- und Lebensbedingungen. Beispiele für derartige, über die jeweilige Arbeitstätigkeit hinausgehende Maßnahmen der Arbeitsgestaltung sind bereits die Garantie eines qualifikationsgerechten Arbeitsplatzes, die Wettbewerbsführung der Arbeitskollektive, die regelmäßigen Produktionsberatungen mit den Werktätigen, die Neuererbewegung, die Qualifizierungsmöglichkeiten während der Arbeitszeit, die sozialpolitischen Maßnahmen z. B. für arbeitende Mütter, die gesellschaftlichen Funktionen im Betrieb oder darüber hinaus auch die mit dem Wettbewerb der Kollektive verknüpften kulturellen und sportlichen Aktivitäten.

Diese umfassenden gesellschaftlichen Möglichkeiten für das Gestalten von Arbeitsprozessen schaffen Voraussetzungen für das humanistischen Zielstellungen verpflichtete Projektieren einzelner Arbeitstätigkeiten für umschriebene Personengruppen, sie setzen Maßstäbe dafür und werden rückwirkend durch konkrete Arbeitstätigkeiten beeinflußt: Neuerergruppen entwickeln unter Ausnutzung ihrer arbeitswissenschaftlichen Grundausbildung und erforderlichenfalls unterstützt von Ingenieuren oder Arbeitswissenschaftlern Vorschläge für Arbeitstätigkeiten, die der Forderung nach progressiven Arbeitsinhalten beispielsweise durch das Erhöhen der Möglichkeiten zum selbständigen Entscheiden genügen. Umgekehrt gibt es Hinweise darauf, daß die Anforderungen der langzeitig ausgeübten Arbeitstätigkeit Einfluß auf Art und Umfang des Engagements in gesellschaftlichen Aktivitäten und die Art der kulturellen Freizeitinteressen haben.

2.1.2. Maßnahmengruppen zur Gestaltung von Arbeitstätigkeiten

Arbeitstätigkeiten einschließlich ihrer psychischen Regulationsgrundlagen können durch vier Maßnahmengruppen gestaltet werden (Tab. 2.1.).

Das Erzeugen von Tätigkeitsstrukturen beginnt bereits bei der *Erzeugnisgestaltung*. Durch Veränderungen von Eigenschaften des Erzeugnisses können in der späteren Fertigung anfallende Fertigungsschritte und damit in ihnen enthaltene Arbeitstätigkeiten verändert werden.

So wurde z. B. durch die konstruktive Umgestaltung einer Waschmaschine erreicht, daß so elementare und monotonieerzeugende Arbeitstätigkeiten wie das Entgraten weitestgehend eingespart werden konnten.

Tab. 2.1.: *Ansatzstellen zur Gestaltung der psychischen Struktur von Arbeitstätigkeiten*

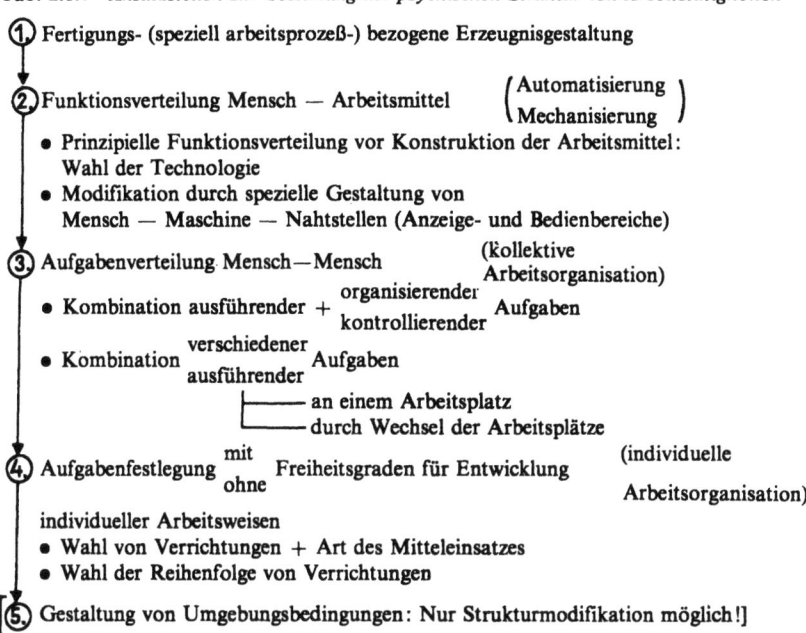

Bei der *Funktionsverteilung zwischen Mensch und Maschine* werden Arbeitstätigkeiten in verschiedener Weise erzeugt oder auch aufgehoben: Mit dem Festlegen des technologischen Verfahrens werden bereits vor der Wahl oder Konstruktion der einzelnen Arbeitsmittel bestimmte Tätigkeiten erforderlich gemacht und andere ausgeschlossen. Ebenso werden bei der *Auswahl der Fertigungsmittel* je nach dem Grad der Mechanisierung und Automatisierung, also der maschinellen Fertigung, Arbeitstätigkeiten erübrigt und teilweise andere Tätigkeiten an ihrer Stelle erzeugt.

So wird durch das Ersetzen des Transports schwerer Gegenstände von Hand durch den Einsatz eines Gabelstaplers die Tätigkeit des Hebens, Tragens und Absetzens von Lasten durch den Menschen erübrigt. An ihrer Stelle muß der Mensch das Führen des Gabelstaplers erlernen und ausüben.

Die *Arbeitsmittelgestaltung* im Hinblick auf die Informationsgeber und die Bedienbereiche ist eine Modifikation der prinzipiellen Funktionsverteilung zwischen Mensch und Maschine.

Das Markieren von Sollwertbereichen auf einem Anzeigegerät erübrigt beispielsweise eine menschliche Aktivität: Es entlastet von einer Gedächtnisanforderung. Bei Sollwerteinhaltung verschwindet der Zeiger hinter der Sollwertkennzeichnung (vgl. Abb. 2.1.).

Durch diese Funktionsverteilung zwischen Mensch und Arbeitsmittel einschließlich der Arbeitsmittelgestaltung ist jedoch nur die Gesamtheit der für den Menschen verbleibenden Arbeitsaufträge mit ihren Anteilen an Anforderungen verschiedenen Niveaus festgelegt. Die Art ihrer *Aufteilung* bzw. *Kombination* auf verschiedene Menschen kann in weiten Grenzen verschieden gewählt werden und damit Arbeitstätig-

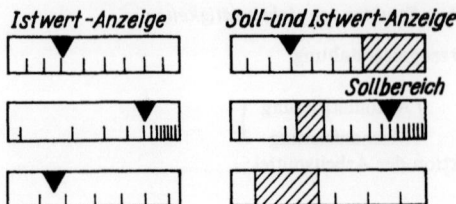

Abb. 2.1.: Aufmerksamkeits- und Gedächtnisentlastung durch Kennzeichnung der Sollbereiche (schraffiert).

keiten unterschiedlicher psychischer Struktur schaffen. Derartige Tätigkeitskombinationen für einzelne oder Kollektive erweisen sich als besonders nützlich, wenn sie nicht lediglich mehrere ausführende Tätigkeiten gleichermaßen begrenzter Anforderungsstruktur betreffen, sondern produktionsvorbereitende, organisierende und kontrollierende Tätigkeiten mit ausführenden verbinden.

So ist mit der Konstruktion einer numerisch gesteuerten Drehmaschine noch keine Festlegung darüber getroffen, ob und wie die erforderlichen Verrichtungsklassen, also das Programmieren, Einstellen, Warten und Reparieren, Bedienen sowie Transportieren auf verschiedene Menschen verteilt werden. Mehrere Möglichkeiten bieten sich hierfür an, die jeweils andere Kombinationen von Verrichtungen zu einem Gesamtarbeitsauftrag ergeben: Die Verrichtungsklassen können verschiedenen Werktätigen übertragen werden mit der Folge, daß z. B. beim Bediener Anforderungen an die Fertigkeiten und Kenntnisse vorherrschen, während beim Programmierer intellektuelle Anforderungen mit der Möglichkeit zu selbständigen und abschnittsweise sogar schöpferischen Leistungen konzentriert sind. Eine andere Verteilungsform wäre das Bilden von Kollektiven, die neben dem Bedienen auch Programmier-, Einstell-, Wartungs- und bestimmte kleinere Reparaturaufgaben erledigen und dabei durch eine wechselseitige Aushilfe ermöglichen, daß zeitweilig Programmieraufgaben von jedem oder einigen Kollektivmitgliedern erfüllt werden, während inzwischen andere die schwerpunktmäßig ihnen zugeordneten Maschinen betreuen.

Auch bei festgelegter Aufgabenteilung bzw. -kombination bestehen weitere Möglichkeiten, Arbeitstätigkeiten zu gestalten. Allerdings werden dabei nicht — wie oben — mit Sicherheit bestimmte Tätigkeitsstrukturen erzeugt, sondern zunächst nur Möglichkeiten für ihre Entwicklung eingeräumt: Die Aufgabenfestlegung für einzelne Werktätige oder Kollektive kann bei vielen Fertigungsaufgaben Freiheitsgrade für forderungsgerechte *individuelle Ausführungsweisen oder Arbeitsweisen* belassen oder sie durch Festlegungen weitestgehend aufheben. Damit werden dem Arbeitenden Möglichkeiten zur Veränderung von Teilen seiner Tätigkeitsstruktur auf Grund eigenständiger Entscheidungen eingeräumt oder aber verwehrt. Freiheitsgrade sind Möglichkeiten für die Arbeitenden zur selbständigen Entscheidung über unterschiedliches Vorgehen zum Erfüllen von Aufträgen bzw. von selbstgestellten Aufgaben.

So kann man bei dem aus mehreren Teiltätigkeiten bestehenden Verpacken von Erzeugnissen die Reihenfolge der einzelnen Operationen durch Arbeitsanweisungen bis in Einzelheiten der Bewegungsführung vorschreiben oder aber Freiheitsgrade für die Abfolge von Teilverrichtungen wie Kontrollieren, Einstapeln, Beschriften und für die Art der Bewegungsführung belassen.

Durch das Gestalten von *Umgebungsbedingungen* wie Raumfarbe, Geräuschpegel oder Pflanzendekoration am Arbeitsplatz werden keine unterschiedlichen Arbeitstätigkeiten mit verschiedenen psychischen Strukturen gezielt erzeugt. Möglich sind damit durch Aktivierungs- und/oder Einstellungsveränderungen vermittelte Modifikationen von für beliebige Personengruppen schwer vorhersagbarer Art. Die möglicherweise sich ergebenden Veränderungen in den Tätigkeitsstrukturen sind nämlich wenig spezifisch für die Umgebungsbedingungen, sondern sehr stark abhängig von personenspezifischen Bewertungen (sogenannten Kognitionen).

2.1.3. Festlegung von Arbeitsanforderungen in den Abschnitten der technisch-organisatorischen Fertigungsvorbereitung

In welchen Abschnitten der technisch-organisatorischen Produktionsvorbereitung können Arbeitstätigkeiten projektiert bzw. modifiziert werden?

Sowohl in der konstruktiven wie der technologischen als auch der organisatorischen Vorbereitung der Fertigung werden psychische Anforderungen für künftige Arbeitstätigkeiten festgelegt. Dabei bestehen Unterschiede hinsichtlich der Ansatzstellen, an denen in diesen Abschnitten vorzugsweise Arbeitsanforderungen festgelegt werden (Tab. 2.2.).

Bei der *konstruktiven Vorbereitung* im Sinne der Erzeugnisgestaltung kann mitbestimmt werden, welche Arbeitstätigkeiten entstehen. In begrenztem Maße wird auch durch die Auslegung der Fertigungsunterlagen für die Erzeugnisse Einfluß auf spätere Arbeitstätigkeiten genommen.

Müssen beispielsweise in technischen Zeichnungen nicht angegebene Maße vom Dreher aus angegebenen anderen Maßen selbst abgeleitet werden, so entstehen mindestens anfänglich intellektuelle Anforderungen, die beim Ablesen fertiger Angaben nicht vorlägen.

Falls die Erzeugnisse Arbeitsmittel sind, werden mit der Wahl der Funktionsteilung zwischen Mensch und Maschine, also durch das Festlegen des Mechanisierungs- oder Automatisierungsgrades, körperliche und geistige Tätigkeiten nicht nur für den Bediener, sondern auch für Wartungs-, Einstell-, Reparatur- und gegebenenfalls Programmierkräfte festgelegt.

Bei der *technologischen Vorbereitung* liegen Möglichkeiten zum Gestalten künftiger Arbeitstätigkeiten bei der Wahl und Gestaltung des Fertigungsprozesses vor.

Durch die Fertigung von Fahrbahnen aus Beton oder Großplatten wird beispielsweise das eintönige und gesundheitsbeeinträchtigende Setzen von Pflastersteinen erübrigt. Beim Bedienen komplizierter Baumaschinen entstehen dafür Anforderungen mit höheren Kenntnisvoraussetzungen und ausgeprägten intellektuellen Anteilen.

Durch das Unterteilen in geeignete Baugruppen im Maschinenbau kann wahlweise eine kollektive Fertigung durch Arbeitsgruppen oder eine Fertigung an Einzelplätzen erfolgen und jede Gruppe bzw. jeder einzelne Werktätige kann selbstverantwortlich die Kontrolle von Qualität und Funktionssicherheit seiner Baugruppe übernehmen. Durch die Unterteilung in Baugruppen wird weiterhin die Art der Kooperation als Raum-, Sukzessiv- oder Integrativverband, die Größe kooperierender Gruppen und über beides die Art der Kooperation als einer Einflußgröße auf die sozialen Beziehungen der Werktätigen untereinander festgelegt.

Mit der Wahl bzw. der Gestaltung der Arbeitsmittel einschließlich der Programme (soft-ware) im Rahmen der technologischen Fertigungsvorbereitung werden Entscheidungen über die Funktionsverteilung zwischen Mensch und Maschine getroffen und damit unmittelbar Arbeitstätigkeiten erübrigt, erzeugt oder wenigstens verändert. Damit

Tab. 2.2.: *Möglichkeiten der Einflußnahme auf künftige Arbeitstätigkeiten in der Produktionsvorbereitung*

Abschnitt der Vorbereitung	Teilaufgabe mit Einfluß auf künftige Arbeitstätigkeiten	Einfluß vorwiegend auf
Konstruktive Vorbereitung	• Erzeugnisgestaltung • (Gestaltung der Fertigungsunterlagen) Falls Erzeugnis Arbeitsmittel:	• Anfallende Fertigungsaufgaben und damit Arbeitstätigkeiten • Mensch-Maschine-Funktionsteilung
Technologische Vorbereitung	• Wahl/Gestaltung des Fertigungsprozesses	• Anfallende Fertigungsaufgaben und damit Arbeitstätigkeiten • Kollektive Arbeitsorganisation • individuelle Arbeitsorganisation
	• Wahl/Gestaltung der Betriebseinrichtungen/Maschinen/Werkzeuge/Programme	• Mensch-Maschine-Funktionsteilung
	• Gestaltung der Vorrichtungen und Arbeitsplätze	• Modifizierung der Mensch-Maschine-Funktionsteilung • (Individuelle) Arbeitsorganisation
	• Umweltgestaltung	• Individuelle Arbeitsorganisation?
Organisatorische Vorbereitung	• Wahl/Gestaltung der Arbeitsteilung/-kombination und kollektiver/individueller Arbeitsmethoden (-weisen)	• Kollektive Arbeitsorganisation • Individuelle Arbeitsorganisation
	• Sicherung spezieller Qualifikationsvoraussetzungen	• Modifikation kollektiver/individueller Arbeitsorganisation

werden nicht allein Gesundheitsgefährdungen und körperliche Beanspruchungen durch Arbeitsschwere bzw. durch Einförmigkeit vermieden oder geschaffen. Es werden auch routinemäßige oder selbständige geistige Aufgaben durch die Auslegung der Art, des Ausmaßes und der Zuverlässigkeit der technischen Informationsverarbeitung aufgehoben oder vorgesehen.

Moderne Informationstechnologien in Banken, Sparkassen oder an den Schaltern auf Flugplätzen und Bahnhöfen ermöglichen über Bildschirmarbeitsplätze verschiedene Arten eines Dialogs mit Rechnern bzw. mit deren Speichern. In der Regel schränkt der programmgesteuerte Dialogtyp gegenüber dem benutzergesteuerten die Entscheidungsmöglichkeiten des Menschen über Vorgehensweisen stärker ein.

Weiter können Betriebseinrichtungen und Maschinen so gestaltet werden, daß Störungsbehebungen und Wartungsoperationen vom Bedienenden in Ausweitung seiner Aufgaben selbst übernommen werden können oder so, daß spezielles Personal für diese Aufgaben unerläßlich ist.

Die Gestaltung der Vorrichtungen und anderer Arbeitsplatzeigenschaften kann die

Mensch-Maschine-Funktionsteilung modifizieren. Zugleich können Bedingungen für die Kommunikation sowie für die Kooperation und die individuelle Arbeitsorganisation geschaffen werden.

So können allein durch die Anordnung der Arbeitsgegenstände, nämlich entweder geordnet in übersehbaren Stapeln oder ungeordnet in nicht überschaubaren Mengen, die Art der individuellen Arbeitseinteilung über der Schicht, damit die Möglichkeit zur Entstehung einer Motivierung vom Typ des Gliederungsantriebs und dadurch wiederum die Leistungshöhe und die Beanspruchung (insbesondere das Ausmaß von Monotonieerleben) beeinflußt werden.

Bei der *organisatorischen Vorbereitung* muß bezüglich der Arbeitsorganisation zunächst die Art der Arbeitsteilung bzw. -kombination bestimmt werden. In dem oben angeführten Beispiel wurde ersichtlich, in welchem entscheidenden Umfang damit verschiedenartige psychische Strukturen von Arbeitstätigkeiten festgelegt werden. Weiter sind Vorgaben für kollektive und individuelle Arbeitsweisen möglich, die sich unterscheiden hinsichtlich der Freiheitsgrade, die sie dem Werktätigen für selbständige Entscheidungen belassen, sowie hinsichtlich der Art der festgelegten Arbeitsausführung.

Bei der Einführung neuer Formen der Arbeitsteilung bzw. -kombination ist es unbedingt erforderlich zu beachten, daß deren Realisierung in der Regel nur möglich ist durch eine Veränderung der vorgefundenen Kostenstellengliederung der Verwaltungs- oder Produktionsabteilungen. Die daraus erwachsenden betriebswirtschaftlichen Konsequenzen (z. B. Änderung von Lohn/Gehaltsprojekten auf EDV-Anlagen) erfordern eine frühzeitige Einbeziehung von Abteilungen der Betriebsorganisation und -wirtschaft, um Arbeitsinhaltsveränderungen tatsächlich durchsetzen zu können.

2.1.4. Ziele der psychologischen Arbeitsgestaltung

Welche Ziele verfolgen psychologische Beiträge zur Arbeitsgestaltung?

Auch die Ziele der psychologischen Arbeitsgestaltung ordnen sich ein in das Anliegen, wissenschaftlich-technische mit sozialen Fortschritten zu verbinden, um zur Steigerung der Effektivität der Produktion, der Gesundheits- sowie der Persönlichkeitsförderung im Arbeitsprozeß beizutragen.

Ihrem Gegenstande entsprechend, konzentriert sich die Spezielle Arbeits- und Ingenieurpsychologie bei der Arbeitsgestaltung auf solche Maßnahmen, welche die regulierende psychische Struktur konkreter Arbeitstätigkeiten für umschriebene Beschäftigtengruppen durch Veränderungen der Arbeitsbedingungen verbessern. Derartige Maßnahmen müssen entsprechend der dargestellten Aufgabenstellung gleichzeitig mehrere Ziele erfüllen:
1. Hohe Effektivität der Arbeit.
Bekanntlich setzt das Erfüllen der gesellschaftlichen und individuellen Zielstellungen hinsichtlich weiter verbesserter Lebens- und Arbeitsbedingungen eine hohe Arbeitsproduktivität einschließlich Vollbeschäftigung voraus.
Durch die verinnerlichte gesellschaftliche Bewertung von Arbeitsleistungen ermöglicht effektives Arbeiten für den einzelnen nicht nur das Befriedigen materieller Bedürfnisse, sondern auch das Verwirklichen von als moralischen Zielsetzungen übernommenen gesellschaftlichen Normen und von sozialer Anerkennung. Auch das im Effektivitätsbegriff beschriebene Verhältnis von Aufwand und Ertrag betrifft nicht nur volkswirt-

schaftliche, sondern auch individuelle Kalküle, z. B. in Form des Abwägens von Leistung und Beanspruchung.

In volkswirtschaftlicher Hinsicht gehen in den Aufwand auch Kosten ein, die durch Arbeitsplatzwechsel und Einarbeitungsverluste, Krankenstand oder durch Folgen eines unausgenutzten Bildungspotentials entstehen. Der psychologische Beitrag zur Effektivitätsbestimmung und -steigerung besteht darin, Aufwandsgrößen, die mit Auswirkungen von Arbeitsanforderungen an Menschen entstehen, umfassender einbeziehbar zu machen: Nutzung der erlernten Leistungsvoraussetzungen einschließlich ihres motivierenden Effektes, Verluste durch Ermüdung oder Monotonieerleben oder allgemeine Befindensbeeinträchtigungen, anforderungsbedingtes Desinteresse mit der Folge unzureichender Arbeitszeitausnutzung oder gehäufter Arbeitsplatzwechsel sowie arbeitsbedingter Krankenstandserhöhung.

2. Schutz der Werktätigen vor körperlichen und psychischen Beeinträchtigungen und Schädigungen durch den Arbeitsprozeß.

Im Sinne der Definition der Weltgesundheitsorganisation zum Begriff Gesundheit als vollständiges körperliches, geistiges und soziales Wohlbefinden sind darin nicht nur Betriebsunfälle, Berufskrankheiten und sonstige Arbeitsschäden, sondern auch nervöse Störungen und Beeinträchtigungen des Wohlbefindens durch Fehlbeanspruchungen wie arbeitsbedingte Neurosen, Monotonieerleben oder arbeitsbedingte Übermüdung eingeschlossen.

3. Sicherung von Wirkungs- und Entwicklungsmöglichkeiten für wesentliche Fähigkeits- und Einstellungsbereiche im Arbeitsprozeß.

Um jedem einzelnen zu ermöglichen, „seine sämtlichen Fähigkeiten, körperliche wie geistige, nach allen Richtungen hin auszubilden und zu betätigen" (ENGELS 1953, S. 366) sowie die „Arbeit zum ersten Lebensbedürfnis" werden zu lassen, ist eine persönlichkeitsfördernde Arbeitsgestaltung unerläßlich. Sie ist für die sozialistische Gesellschaft also nicht ein vordergründiges, wirkungsvolles Mittel zur Produktivitätssteigerung und zur Erzeugung von Arbeitszufriedenheit, sondern ein unerläßlicher Bestandteil umfassenderer Zielstellungen. Zugleich entspricht die persönlichkeitsfördernde Arbeitsgestaltung der objektiven Entwicklung des Bedürfnisses wesentlicher Teile der werktätigen Bevölkerung nach Arbeitsaufgaben, welche die vorhandene Qualifikation nutzen, Selbständigkeit und Verantwortungsübernahme ermöglichen.

Diese drei Zielstellungen schließen sich im Prinzip weder aus, noch müssen sie kompromißhaft vereinbar gemacht werden, sondern sie unterstützen einander: Sachgerechte persönlichkeitsfördernde Arbeitsgestaltung ermöglicht unter anderem wegen der motivierenden Wirkung progressiver Arbeitsinhalte zugleich eine besonders wirkungsvolle Leistungssteigerung. Angemessen gestalteter Schutz vor Gefährdungen und Beeinträchtigungen vermag zugleich Leistungshemmnisse zu beseitigen. Persönlichkeitsfördernde Arbeitsgestaltungsmaßnahmen vermögen zur Optimierung psychischer Anforderungen und mithin zur Belastungsprophylaxe beizutragen (vgl. dazu HACKER 1980, Kap. 10.3.).

Zum Verwirklichen dieser Zielstellungen psychologischer Beiträge zur Arbeitsgestaltung ist ein System von Bewertungsmerkmalen der Arbeitstätigkeiten unerläßlich, das

— durch Einstufung des gegebenen Zustands Veränderungserfordernisse aufzeigt,
— eine für die Maßnahmenableitung genügend präzise Darstellung des Sollzustandes ermöglicht und
— zur Wirkungsbeurteilung von Gestaltungsmaßnahmen geeignet ist.

Psychologisch bewertet werden psychisch regulierte Arbeitstätigkeiten einschließlich ihrer Auswirkungen. Diese psychisch regulierten Arbeitstätigkeiten werden durch die oben benannten Gestaltungswege geschaffen bzw. verändert. Das Bewertungssystem bewertet also die Ausgangsbedingungen bzw. die Resultate des Gestaltens von konkreten Arbeitstätigkeiten.

2.2. Auswirkungen von Arbeitsprozessen als Kennzeichen der Qualität der Arbeitsgestaltung

Zu den Auswirkungen von Arbeitstätigkeiten gehören neben den materiellen oder ideellen Arbeitsergebnissen stets auch Veränderungen beim arbeitenden Menschen selbst. Beispielsweise kann an den Erfahrungserwerb, an Ermüdung, an arbeitsbedingte Erkrankungen oder an Motivierung durch das gute Gelingen der Arbeit — eine Form der sogenannten intrinsischen Motivierung — gedacht werden.

Für diese Selbstveränderungen durch Arbeit ist charakteristisch, daß sie als Auswirkungen von Arbeitstätigkeiten zugleich als (Arbeits)bedingungen für das weitere Tätigsein wirken. Nur in der Arbeitstätigkeit selbst entstehend, sind sie wichtige personale Bedingungen des weiteren Arbeitens. Wir bezeichnen sie deshalb als tätigkeitsgebundene personale Bedingungen oder Leistungsvoraussetzungen. Diese tätigkeitsgebundenen personalen Bedingungen können wie folgt geordnet werden:
— motivationale Leistungsvoraussetzungen: aktuelles Erfolgs- bzw. Mißerfolgserleben, aktuelle Formen von Arbeitszufriedenheit, aktuelle Wertschätzung oder auch Abneigung bis zur psychischen Sättigung gegenüber Arbeitstätigkeiten sowie habituelle Einstellungen inhaltsbezogener (sozialistische Arbeitseinstellung) und formaler Art (Leistungsmotivation);
— ausführungsregulatorische Leistungsvoraussetzungen: kognitive Regulationsgrundlagen habitueller Art als operative Abbilder, Handlungsprogramme einschließlich Fertigkeiten und der erforderlichen Kenntnisse, Fähigkeiten;
— allgemeine zentrale sowie spezifische Aktivierungsveränderungen als Resultat von Orientierungsreaktionen, Startaktivierungen, Ermüdungs- und Monotoniezuständen, Streßreaktionen und deren habitualisierten Folgezuständen, wie Neurosen, oder als aufgabenangemessene Aktivitätszustände entsprechend der Konvergenzregel nach TENT (vgl. HACKER 1980).

Die Aufstellung zeigt, daß tätigkeitsgebundene personale Bedingungen ausnahmslos Aussagen über zeitweilige oder relativ beständige Auswirkungen von Arbeitstätigkeiten für den arbeitenden Menschen machen. Beim Bewerten von arbeitsgestalterischen Lösungen werden diese tätigkeitsgebundenen personalen Bedingungen beurteilt. Sie ermöglichen Voraussagen über künftige Leistungen: Erschöpfte leisten weniger als Ausgeruhte; Werktätige, die zweckmäßige Arbeitsweisen erlernten, arbeiten effektiver. Die Bewertung arbeitsgestalterischer Lösungen anhand tätigkeitsgebundener personaler Bedingungen ist also hinsichtlich der Leistungen prospektiv.

Sowohl eine gesundheits- wie eine persönlichkeitsfördernde Arbeitsgestaltung wollen jedoch mehr als das Bewerten von Arbeitsbedingungen unter dem Leistungsaspekt. Sie beabsichtigen, Einfluß zu nehmen auf beständige, habituelle Eigenschaften oder Dispositionen des Menschen. Damit ist ein in der Psychologie wenig geklärtes Problem aufgeworfen, nämlich die Frage, welche Tätigkeitsanforderungen über tätigkeitsgebundene personale Bedingungen unter welchen Umständen und auf welche Weise welche Persönlichkeitseigenschaften erzeugen oder formen können.

Die potentiell leistungs- und persönlichkeitswirksame Mittlerrolle läßt nach Besonderheiten tätigkeitsgebundener personaler Bedingungen fragen. Diese ergeben sich aus ihrem Entstehen in der Tätigkeit:

1. Tätigkeitsgebundene personale Bedingungen existieren weder als Eigentümlichkeiten des Arbeitsauftrags, noch als habituelle Eigenschaften der arbeitenden Menschen, sondern sie entstehen in der Wechselwirkung beider.

Das hat umfassende Folgen für das Entstehen und die Entstehungsweise tätigkeitsgebundener personaler Bedingungen. Ihre Entstehung kann nur nach der Formel „wenn im Auftrag Bedingung X und beim Arbeiter Bedingung Y gegeben ist, dann entsteht die tätigkeitsgebundene Auswirkung Z" beschrieben und vorhergesagt werden. Das Prinzip des dialektischen Determinismus vom Wirken äußerer Bedingungen gebrochen an inneren (das die sogenannten Kognitionen und Attribuierungen einschließt) ist hier insofern verschärft, als tätigkeitsgebundene personale Bedingungen zunächst nur existieren in der Wechselwirkung äußerer und innerer Bedingungen. Sie können Nachwirkungen über aktuelle Tätigkeiten hinaus haben und diese können sich als habituelle Leistungsvoraussetzungen verfestigen.

Es gibt also nicht die monotonen, gesundheitsfördernden, lehrreichen, persönlichkeitsfördernden, ermüdenden, sättigenden, befriedigenden usw. Arbeitsaufträge. Ob ein Arbeitsauftrag die genannten Wirkungen hat, hängt zugleich davon ab, welche Eigenschaften der ausführende Mensch besitzt. Von den genannten Merkmalen von Arbeitsaufträgen kann nur im Hinblick auf bestimmte Beschäftigtengruppen mit bekannten Eigenschaften gesprochen werden. Einen Grenzfall stellen dabei Arbeitsaufträge mit so extremen Bedingungen dar, daß alle einschlägigen Beschäftigtengruppen unbeschadet ihrer unterschiedlichen Eigenschaften gleichartig reagieren.

Ebenso gibt es (im für den Arbeitsprozeß interessierenden Normalbereich) nicht „die" ermüdbare oder monotonieanfällige oder förderbare Persönlichkeit, unabhängig von der Beschaffenheit des konkreten Arbeitsauftrages, den sie auszuführen hat.

Diese Erörterung hat unmittelbar praktische Wirkungen. Sie macht einsichtig:
a) Das Ermitteln und Messen von tätigkeitsgebundenen personalen Bedingungen als Gütekriterien arbeitsgestalterischer Lösungen ist nur sinnvoll bei der Kontrolle leistungsbeeinflussender Personeneigenschaften. Ansonsten sind so viele verschiedene Befunde erzielbar, wie wirksame Unterschiede in den Personeneigenschaften existieren (Beachtung des differentialpsychologischen Aspekts in der Veränderungsmessung).

Die große Bedeutung der statistischen Kontrolle der Wirksamkeit arbeitsgestalterisch nicht beeinflußbarer Faktoren, wie z. B. des Lebensalters der Untersuchten, belegt eine Untersuchung des Zusammenhanges zwischen Handlungsspielraum und Unterforderungserleben. Es konnte gezeigt werden, daß die Korrelation von $r = -,82$ nach Abpartialisierung von Lebensalter und Arbeitszufriedenheit auf $r = -,68$ sank. Derartige Beziehungen haben entscheidende Bedeutung für die Wahl optimaler Gestaltungsmaßnahmen (RICHTER und RICHTER 1978).

b) Arbeitsgestaltungsmaßnahmen führen bei Beschäftigtengruppen mit verschiedenen Eigenschaften zu unterschiedlichen bis gegensätzlichen Wirkungen (Beachtung der Gruppenspezifität von Arbeitsgestaltungsmaßnahmen).[1]

Beide Sachverhalte werden nicht selten angeführt als Argumente für eine angebliche Regellosigkeit, für ungenügende wissenschaftliche Beherrschung und — gefährlicher — für die Überflüssigkeit arbeitsgestalterischer Bemühungen, die über mit physikalischen Methoden kontrollierbare Effekte hinausgehen. In Wahrheit sind sie jedoch umgekehrt ein Ausdruck regelhafter Beziehungen, die man allerdings nur erkennen und nutzen kann, wenn Auftrag und Adressat einbezogen werden. Zugespitzt: Das Ignorieren von Wechselbeziehungen ist kein taugliches Argument gegen die Mühen des Erforschens und Berücksichtigens objektiver Gesetzmäßigkeiten.

Bei häufig gleichförmig wiederkehrenden Aufträgen mit eingeschränktem Beachtungsumfang suchen Extravertierte ausgeprägter nach einzubauender Abwechslung als Introvertierte und kommen damit zu anderen Arbeitsweisen als diese (HILL 1975). Das Erhöhen selbständiger intellektueller Anforderungen wird nicht selten von jüngeren Arbeitern mit 10-Klassen-Abschluß und Facharbeiterausbildung begrüßt, aber von älteren mit Volksschulbildung und ohne Facharbeiterausbildung abgelehnt. Die Leistungsveränderungen folgen diesen Stellungnahmen („Kognitionen"). Bildete man Mittelwerte über das Gesamtkollektiv, so hätte die Arbeitsbereicherung bei entsprechender Kollektivzusammensetzung keinen Effekt. Das Fix-Vario-Prinzip bei der Auftragsrotation berücksichtigt derartige Adressatenabhängigkeiten (DOERKEN 1976).

2. Tätigkeitsgebundene personale Bedingungen äußern sich als Seiten der psychischen Regulation von Arbeitstätigkeiten und sind somit nur aus dem sichtbaren Tätigkeitsverlauf, seinen aussagbaren psychischen Regulationsgrundlagen und Begleitumständen sowie aus psychophysiologischen Indikatoren zu ermitteln.

Grundsätzlich verändern sich stets gleichzeitig mehrere gleichsinnige und gegensinnige tätigkeitsgebundene personale Bedingungen, also phasische Aktivierungszustände, Ermüdung, Erholung, aktuelle Motivierungen oder Lernfortschritte beim Erwerb spezifischer Regulationsgrundlagen.

3. Diese Gleichzeitigkeit von Ermüdung und Erholung, Motivierungsänderungen und Lernen bedingt, daß tätigkeitsgebundene personale Bedingungen besonders schwierig zu erfassen sind und nur weitgehend, aber nicht vollständig voneinander isoliert werden können: Ergebnisse, Verläufe und Rückwirkungen von Tätigkeiten sind grundsätzlich hinsichtlich tätigkeitsgebundener personaler Bedingungen mehrdeutig. Dabei handelt es sich um einen sehr folgenreichen Kernsatz. Er bedeutet, daß aus dem Leistungsverlauf nicht ohne zusätzliche Ermittlungen bindend auf Ermüdung, Einstellungswechsel oder Übungsfortschritte geschlossen werden darf. Da ähnliche Mehrdeutigkeiten im

---

[1] Das Erfordernis einer gruppenspezifischen Arbeitsgestaltung kann nicht bedeuten, allgemeine Arbeitsgestaltungsmaßnahmen in eine unabsehbare Vielzahl individuenspezifischer Lösungen aufzulösen. Im Extremfall wäre dann bei Schichtwechsel eine Umrüstung des Arbeitsplatzes für eine andere Persönlichkeit erforderlich. Beschäftigtenspezifische Gestaltung bedeutet Gestaltung unter Berücksichtigung speziell von Alters- und Qualifikationsunterschieden durch das Ermöglichen von Freiheitsgraden für individuelle, den Leistungsvoraussetzungen angepaßte Arbeitsweisen mittels eines Angebots verschiedenartiger Formen der Arbeitsorganisation (TRIEBE und ULICH 1977).

Erleben und in psychophysiologischen Komponenten tätigkeitsgebundener personaler Bedingungen vorliegen, folgt allgemeiner die Notwendigkeit eines Vorgehens, das grundsätzlich vergleichend mehrere Äußerungsbereiche von tätigkeitsgebundenen personalen Bedingungen untersucht.
Man bezeichnet dieses Vorgehen als multidimensional.

Sinkender Leistungsverlauf kann unter anderem Ermüdung und/oder nachlassende Motivierung bedeuten. Sinkende Herzfrequenz kann unter anderem Abbau von Startaktivierung oder beträchtliche Ermüdung anzeigen. Aktuell nachlassendes Interesse an einer Aufgabe kann unter anderem beginnendes Monotonieerleben oder verringerte aktuelle Motivierung wegen anderer vordergründig gewordener Motive bedeuten.

4. Tätigkeitsgebundene personale Bedingungen können für wissenschaftliche Zwecke nicht als von anderen Vorgängen abgetrennte Realeinheiten, die exakt abgrenzbaren Hirnzentren (vielleicht einem Ermüdungszentrum) zugeordnet werden können, aufgefaßt werden. Ihre Verrechnung ergibt keine Aussage über die Gesamtleistung. In früherer Zeit hatte man beispielsweise angenommen:
Leistung = (Übung + Gewöhnung) — Ermüdung.

Tätigkeitsgebundene personale Bedingungen bezeichnen einander überschneidende Muster von Veränderungen in der psychischen Regulation und damit im Verlauf von Tätigkeiten. Diese Muster sind konzeptionsabhängig. So gibt es Autoren, die zwischen Ermüdung und Monotonie klar unterscheiden und andere, die dies unterlassen. Tätigkeitsgebundene personale Bedingungen sollten daher in Analogie zu Persönlichkeitsdispositionen (vgl. HERRMANN 1973) als Bezeichnungen von (für Zwecke des wissenschaftlichen Erkenntnisgewinns übergeneralisierten) Annahmengefügen aufgefaßt werden. Sie bezeichnen weder kurzschlüssige Substantialisierungen (z. B. im Sinne von „Ermüdungsstoffen im Blut"), noch sind sie nur Namen für Auftrittsbedingungen von Erscheinungen.

Das Nachweisen von tätigkeitsgebundenen personalen Bedingungen hat Vorhersage-, jedoch keinen Erklärungswert. Der Nachweis des Vorliegens von Ermüdung, Arbeitseifer, hoher allgemeiner zentraler Aktiviertheit, zweckmäßigen operativen Abbildern kann in wissenschaftlichen Zusammenhängen unbeschadet praktischer Nützlichkeit nicht zur endgültigen ursächlichen Erklärung einer Leistung, eines Befindens, eines psychophysiologischen Parametermusters benutzt werden, da es sich jeweils selbst um noch erklärungsbedürftige Vorgänge handelt.

Der Satz „X leistet weniger, weil er psychisch ermüdet ist" klingt zwar plausibel, setzt aber wenigstens zweierlei voraus:
1. Die Möglichkeit des objektiven Nachweises von psychischer Ermüdung außerhalb der Leistung. Erfolgte der Nachweis nur anhand der Leistung, so läge ein Zirkelschluß vor: Man bezeichnet jemand als ermüdet immer dann, wenn er weniger leistet, und zwar weil er ermüdet sei.
2. Die Existenz eindeutiger Beziehungen zwischen psychischer Ermüdung und Leistung.
Beide Voraussetzungen sind nicht zwingend erfüllt.

Wir sahen: Tätigkeitsgebundene personale Bedingungen sind als Bewertungskriterien arbeitsgestalterischer Lösungen insofern geeignet, als sie Bindeglieder zwischen aktuellen Einflüssen und habituellen Eigenschaften darstellen und damit Aussagen zur Selbstveränderung des Menschen durch Arbeitstätigkeiten beisteuern dürften.
Die Möglichkeiten der Entstehung und das Wesen von Eigenschaften behandelt die

Persönlichkeitspsychologie. Hier genügt es festzustellen, daß im Arbeitsprozeß günstige Bedingungen für die Eigenschaftsentwicklung vorliegen. Das sind:
— der zeitliche Umfang und die Regelmäßigkeit des Auftretens von Anforderungen;
— das Merkmal der Tätigkeit, Aufträge zu erfüllen und die erforderliche bewußte Auseinandersetzung mit diesen;
— die Lebensbedeutung der Anforderungsbewältigung im Arbeitsprozeß und ihre fortlaufende Bekräftigung mit Hilfe des Lohns;
— das Merkmal des Arbeitsprozesses als sozialer, zumeist sogar kollektiver Prozeß;
— die Bekräftigung in Form der gesellschaftlichen Bewertung der Arbeitsergebnisse, die der Werktätige vorausschauend zu erfassen und somit selbst aktiv als Richtwerte seines Arbeitens zu übernehmen hat.

Die Entwicklung von Fähigkeiten als wiederholt geforderten kognitiven Prozessen, von Einstellungen als sich bewährenden, bekräftigenden Motiven oder von neurotischen Zuständen bei anhaltenden Überforderungssituationen dürfte im einzelnen verschiedenen Mechanismen folgen. Abb. 2.2. benennt am Beispiel von Fähigkeiten und mit ihnen verknüpften Einstellungen mögliche Etappen dieses Prozesses und dafür durch eine persönlichkeitsförderliche Arbeitsgestaltung abzusichernde Mindestbedingungen.

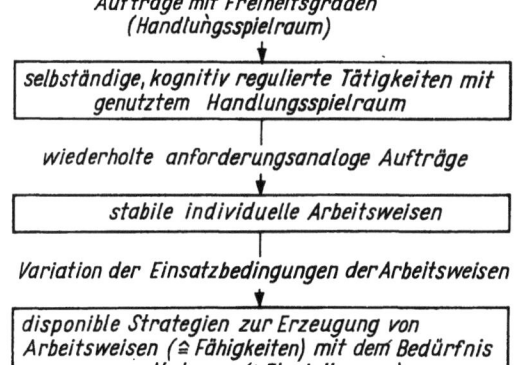

Abb. 2.2.: Schematische Skizze zum Einfluß von Aufträgen auf Persönlichkeitseigenschaften (Fähigkeiten, Einstellungen).

3. System psychologischer Bewertungsmerkmale von Arbeitstätigkeiten in der korrigierenden und projektierenden Arbeitsgestaltung

Das Verbinden des sozialen mit dem wissenschaftlich-technischen Fortschritt im Sinne der Einheit von Wirtschafts- und Sozialpolitik verlangt, die vielfältigen sozialen Auswirkungen konstruktiver, technologischer und organisatorischer Lösungen gemeinsam mit den Produktivitätsfortschritten zu bewerten. Das wird dadurch erleichtert, daß im Produktionsprozeß gleiche Produktivität häufig auf verschiedenen Wegen erzielt werden kann. Des weiteren müssen nicht selten aktuelle ökonomische Resultate im Betrieb abgewogen werden gegen weitere soziale Resultate, die unter Umständen zwar auch langfristige und sogar überbetriebliche ökonomische Auswirkungen haben können (wie Krankenstand, Fluktuation oder Verluste durch ungenutzte Bildungsinvestitionen), deren Wesen im Geldausdruck aber nur unvollkommen abgebildet ist. Schließlich ist denkbar, daß ökonomische Ergebnisse gegen ökonomisch nicht in ihrem Wesen befriedigend faßbare Resultate, z. B. Beiträge zur Realisierung eines normativen Menschenbildes im Sinne der „universell entwickelten Individuen" (MARX 1959, S. 68), abzuwägen sind.

Alles das ist ohne exakt definierte, quantifizierte Bewertungsmerkmale auch für soziale Gestaltungsauswirkungen nicht in einer für technologische Anliegen genügenden Schärfe möglich. Diese Merkmale müssen so beschaffen sein, daß sie sowohl zur nachträglichen Bewertung vorhandener arbeitsgestalterischer Lösungen als Ausgangspunkt von Korrekturen als auch zur vorausschauenden Bewertung zu entwickelnder Lösungen, also bei der korrektiven und der projektiven Arbeitsgestaltung, verwendbar sind (SINTSCHENKO 1976). Technische Kriterien als Grundlage der ökonomischen Bewertung von Arbeitstätigkeiten sind Geschwindigkeit, Genauigkeit und Zuverlässigkeit der Ausführung von Arbeitstätigkeiten. Zuverlässigkeit bedeutet dabei die Stabilität der zeitlichen und gütemäßigen Aufgabenerfüllung. Der Vorzug dieser Begriffe besteht in ihrer exakten Definition, die mehrere Vorteile eröffnet: So können eindeutige Beziehungen zur Geschwindigkeit, Genauigkeit und Zuverlässigkeit der Vorgänge in den eingesetzten Maschinen hergestellt werden, und es sind rechnerische Verknüpfungen der Kriterien miteinander denkbar (TIMPE 1975).

Eine praktische Schwierigkeit besteht jedoch darin, daß diese Begriffe nicht auf beliebig komplizierte Arbeitstätigkeiten ebenso eindeutig anwendbar sind, wie auf technische Vorgänge. Weniger eindeutige Begriffe, wie z. B. die Zugehörigkeit eines Produkts in eine vereinbarte Güteklasse, sind daher unerläßlich. Somit enthält bereits der vergleichsweise präziseste ökonomische Aspekt der Bewertung von Arbeitstätigkeiten unterschiedlich scharf definierte, zu unterschiedlichen Dimensionen gehörige Begriffe. Über ihren Geldausdruck können sie verglichen werden. In ökonomischer Hinsicht können Arbeitstätigkeiten bewertet werden mittels:
— Zeitaufwand für das Erzeugen eines Produktes;
— materiellem und energetischem Aufwand z. B. für Räume, Rohstoffe, Maschinen, Werkzeuge oder Energie;

— Lohnkosten und Ausbildungsaufwand;
— Qualität des Produkts.

Die Eindeutigkeit der auf die Beanspruchung und die Persönlichkeitsförderung bezogenen Merkmale ist teilweise noch geringer. Dennoch können brauchbare quantifizierbare Bewertungsdimensionen angegeben werden. Die erforderliche Abarbeitungsreihenfolge der Dimensionen kann hierarchisch geordnet werden, die Abstufungen auf jeder Dimension sind logisch reihbar, empirisch prüfbare Kriterien für die Stufen können angegeben werden, und das Zutreffen der einzelnen Stufen ist mindestens ordinal skalierbar. Zum Teil können bereits gesetzlich fixierte Kriterien herangezogen werden.

Die Dimensionenhierarchie bewertet in der Abarbeitungsreihenfolge die Ausführbarkeit, die Schädigungslosigkeit, die Beeinträchtigungslosigkeit und die Persönlichkeitsförderlichkeit von konstruktiven, technologischen oder organisatorischen Lösungen, welche Arbeitstätigkeiten erzeugen bzw. modifizieren. Sie nutzt Vorschläge internationaler und einzelstaatlicher Normen, wie ISO 6385-1981, des GOST-Standards 16456-70, der TGL 29432 (Rahmenmethodik zur Bewertung industrieller Erzeugnisse), der diese spezifizierenden TGL 31788 (Methodik zur arbeitswissenschaftlichen Bewertung industrieller Erzeugnisse) oder DIN 33400 (Gestalten von Arbeitssystemen nach arbeitswissenschaftlichen Erkenntnissen), des weiteren Vorschläge von ROHMERT und LUCZAK (1973), SCHMIDTKE (1965, 1976) sowie von v. CHMELA (1976) und PETROSCHENKO (1975).

Das von PETROSCHENKO vorgeschlagene System von Kennziffern der sozialen Folgen des wissenschaftlich-technischen Fortschritts entspricht weitgehend den hier vorgeschlagenen Kriterien. PETROSCHENKO nutzt Kennziffern zum Gesundheitszustand, zur Ermüdung und Arbeitsfähigkeit sowie zur Handlungskompetenz und Arbeitseinstellung, was den hier behandelten Ebenen Schädigungslosigkeit, Beeinträchtigungslosigkeit und Persönlichkeitsförderlichkeit entspricht. Im letzten Bereich untergliedert er in spezielle Kennziffern für den Arbeitsinhalt wie Intellektualisierung der Arbeit oder Verhältnis zwischen körperlicher und geistiger Arbeit. Diese wesentlichen speziellen Aspekte sind gleichfalls zu berücksichtigen (vgl. dazu Abschnitt 7).

Die gesellschaftliche und betriebliche Notwendigkeit zur Verbesserung der ökonomischen Effektivität wird bei diesem Vorgehen mehrfach berücksichtigt. Zunächst wird davon ausgegangen, daß hinsichtlich der Effektivität gleichwertige, also ökonomisch bereits bewertete, technische Lösungsvarianten weitergehend arbeitswissenschaftlich und damit psychologisch zu bewerten sind. Weiter ist in jeder einzelnen Hierarchiestufe die Bewertung von Wirtschaftlichkeitsaspekten abermals integriert. Vom Standpunkt der Einheit von Wirtschafts- und Sozialpolitik ist Produktivität kein isoliert bewertetes Ziel, dem darüber hinaus alle anderen Ziele untergeordnet sind, sondern hier soll durch Sichern von Ausführbarkeit, Schädigungslosigkeit, Beeinträchtigungsfreiheit und Persönlichkeitsförderlichkeit jeweils auch verbesserte Produktivität erzeugt werden. Es gibt zahlreiche Belege dafür, daß gerade dadurch besonders hohe Produktivitätsquellen bis hin zu schöpferischem Einsatz freigesetzt werden. Das wird bei der weiteren Darstellung deutlich werden.

Die Bewertungsmerkmale sind konzipiert zum Bewerten des Grades, in dem die genannten Ziele psychologischer Arbeitsgestaltungsbeiträge erreicht sind. Daher sind sie wie die Ziele gesellschaftlich und historisch determiniert und in ihrer Realisierung insbesondere von den Produktionsverhältnissen abhängig. Darüber hinaus entwickeln sich die erforderlichen Bewertungsmerkmale nicht lediglich mit der Vertiefung der wissenschaftlichen Erkenntnisse, sondern durch die jeweilige gesellschaftliche Entwicklung und die damit zusammenhängende Bedürfnisentwicklung, mit der neue Zielstellungen auch für die Arbeitsgestaltung in den Vordergrund treten werden.

Die Besonderheiten des hier verfolgten Anliegens bestehen hauptsächlich in folgenden Gesichtspunkten:

1. Gegenüber verbreiteten arbeitswissenschaftlichen und arbeitsmedizinischen Bewertungskonzeptionen, die psychologischen Gesichtspunkten nur ungenügend Rechnung tragen, werden gleichsam als ergänzender Nachtrag zu Vorhandenem die Grundlagen für die psychische Regulation von Arbeitstätigkeiten und für die kurz- und langzeitigen psychischen Auswirkungen von Arbeitstätigkeiten besonders beachtet. Durch den relativen und absoluten Bedeutungsgewinn leistungsbestimmender psychischer Anforderungen bei Mechanisierung und Automatisierung ist dieses Anliegen dringlich.

2. Der vordringliche Bewertungsgegenstand sind Arbeitstätigkeiten im Hinblick auf ihre psychischen Anforderungen, die durch arbeitsgestalterische Maßnahmen ermöglicht oder ausgeschlossen bzw. eingeengt werden. Es geht also weder allein um Arbeitsbedingungen (Arbeitsplätze, Umgebungseinflüsse, Zeitregimes, Arbeitsmittel usw.) noch allein um Tätigkeitsauswirkungen beim Menschen, sondern um die Aussagen beider über die Anforderungen der Tätigkeiten. Abb. 3.1. schematisiert die benutzten Anforderungsbegriffe: „Objektive", weitgehend individuenunabhängige Anforderungen ergeben sich aus dem Bezug des Auftrags auf seine objektiven Ausführungsbedingungen beim Unterstellen allgemeiner Mindestleistungsvoraussetzungen (wie Vollsinnigkeit oder Beherrschen der Schriftsprache). Die „realisierten", individuenabhängigen Anforderungen, die Beanspruchungen, ergeben sich aus dem Bezug der tatsächlich ausgeführten Tätigkeit auf die speziellen individuellen Leistungsvoraussetzungen.

3. Das isolierende Herausgreifen einzelner Bewertungsebenen kann zu Fehlaussagen führen. Die Bezeichnung als ein System von Bewertungsebenen betont die unerläßliche komplette Bearbeitung aller Ebenen. So kann eine Tätigkeit mit einem hohen, entwicklungsförderlichen Anregungsgehalt durchaus überfordern, was nur bei einer diesbezüglichen Kontrolle feststellbar wird.

4. Der hierarchische Aufbau fordert eine Bewertungsabfolge im Sinne von Tab. 3.1. Wenn also beispielsweise eine Tätigkeit Gesundheitsschäden auslöst, so muß sie vor der Untersuchung, ob sie vielleicht persönlichkeitsförderlich sei, umgestaltet werden. Des weiteren müssen nach Umgestaltungen von hierarchisch höheren Ebenen die ihnen untergeordneten erneut gleichfalls durchmustert werden, da in vereinzelten Fällen Verschlechterungen untergeordneter Ebenen noch nicht mit Sicherheit bei derartigen Gestaltungsmaßnahmen ausgeschlossen werden.

5. Das Bewertungskonzept ist nur ein Rahmenkonzept, in welches bereits vorliegende und auch noch zu entwickelnde Verfahren eingeordnet werden können. Damit ist es entwicklungsfähig im Sinne des Einordnens von zunehmend im Hinblick auf ihre Gütekriterien verbesserter Methoden.

Das Gesamtsystem der Bewertungsmerkmale mit seinen Haupt- und Unterebenen sowie Beispiele für quantifizierbare Kriterien zeigt Tab. 3.1. Der hierarchische Aufbau bedeutet zunächst, daß jeweils vor dem Fortschreiten zur nächsthöheren Bewertungsebene die Mindestforderungen der vorgeordneten, erforderlichenfalls durch Umgestaltung, als Voraussetzung erfüllt sein müssen. Im Schema wird das durch die kreisförmigen Pfeile angedeutet.

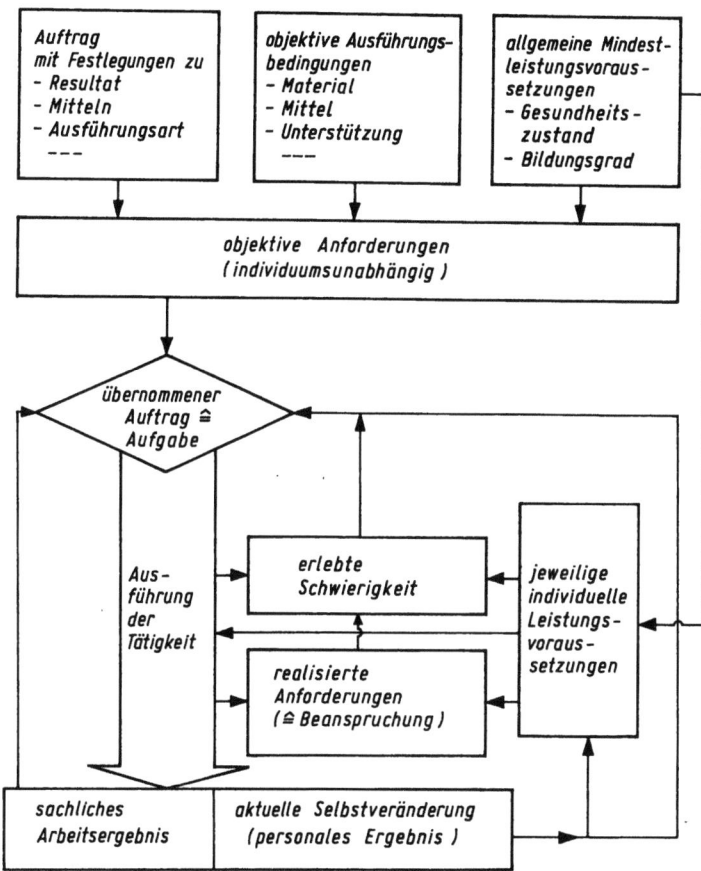

Abb. 3.1.: Schematische Ableitung des Aufforderungsbegriffs als „objektive", individuenunabhängige, oder „realisierte", individuenabhängige Aufforderungen.

Beispielsweise soll vor dem eingehenden Bewerten hinsichtlich der Förderung von Persönlichkeitszügen geprüft und gesichert sein, daß keine Gesundheitsschäden wie Lärmschwerhörigkeit oder keine Befindensbeeinträchtigungen wie Monotoniezustände oder hochgradige arbeitsbedingte Ermüdung vorliegen. Fehlendes Erfüllen untergeordneter Merkmale schließt die Möglichkeit zum Erfüllen nachgeordneter Merkmale nämlich bereits aus. Ein Beispiel: Das Entstehen bleibender Lärmschwerhörigkeit kann nicht als Beitrag der Arbeitstätigkeit zur Förderung der Werktätigen zu allseitig entwickelten, z. B. für musikalische Aktivität, Theater und angeregten Gedankenaustausch aufgeschlossene Persönlichkeiten verstanden werden. Oder: Verstöße gegen anthropometrische Normen als Grundlagen der Ausführbarkeit schließen Gefährdungslosigkeit insofern aus, als Gestaltungsmängel durch unphysiologische Arbeitshaltungen ausgeglichen werden müßten, die bei Dauerausübung statistisch mit akuten (z. B. Zerrungen) oder chronischen (z. B. Haltungsschäden) Gesundheitsschäden korrelieren.

System psychologischer Bewertungsmerkmale von Arbeitstätigkeiten

Tab. 3.1.: *Hierarchisches System zur psychologischen Bewertung von Arbeitsgestaltungsmaßnahmen*

Bewertungsebenen	Unterebenen		Mögliche Kriterien (Beispiele)
Realisierung			
④ Persönlichkeitsförderlichkeit	Weiterentwicklung Erhaltung Rückbildung	ausgewählter Fähigkeiten und Einstellungen	• Zeitanteil für — selbständige — schöpferische Verrichtungen • erforderliche Lernaktivitäten
③ Beeinträchtigungsfreiheit	ohne bzw. mit zumutbaren Beeinträchtigungen bedingt zumutbare B. nicht zumutbare B. (funktionelle Störungen)		• negative Veränderungen psychophysiologischer Kennwerte (EKG, EEG) • Befindensbeeinträchtigungen
② Schädigungslosigkeit	Gesundheitsschäden ausgeschlossen möglich hochwahrscheinlich		• MAK-Werte • Berufskrankheiten • Unfälle/Arbeitsschutzanordnungen
① Ausführbarkeit	uneingeschränkte A. bedingte, eingeschränkte A. zuverlässige A. nicht gewährleistet		• anthropometrische Normen • sinnespsychophysiologische Normwerte

Der hierarchische Aufbau bedeutet weiter, daß übergeordnete Bewertungsebenen Möglichkeiten zum weiteren Verwirklichen untergeordneter beisteuern können. Mithin sind auch beim Bewerten die für die Ziele der psychologischen Arbeitsgestaltungsbeiträge diskutierten Wechselwirkungen zu berücksichtigen.

So können erweiterte Möglichkeiten zur selbständigen Festlegung von Vorgehensweisen neben der Ausnutzung intellektueller Fähigkeiten, also einem Beitrag zur Persönlichkeitsförderung, auch dem Entstehen psychischer Ermüdung dadurch vorbeugen, daß sie einen entlastenden Wechsel zwischen verschiedenen Vorgehensweisen gestatten. Damit liefern sie einen Beitrag zur Beeinträchtigungsfreiheit. Umgekehrt ist allerdings auch zu kontrollieren, ob komplizierte intellektuelle Anforderungen — auch wenn sie mit ausreichenden Freiheitsgraden ausgestattet sind — keine unzumutbare Ermüdung bewirken, es ist also auch bei offensichtlich gegebener Persönlichkeitsförderlichkeit die Beeinträchtigungslosigkeit zu prüfen.

Mit der Bezeichnung als psychologische Bewertungsmerkmale soll nicht der außerpsychologische Ursprung in gesellschaftlichen Zielsetzungen übersehen, sondern der die gesellschaftliche, hier wissenschaftliche, Arbeitsteilung widerspiegelnde Ausschnittscharakter der behandelten Bewertungsmerkmale aus der umfassenden Gesamtheit gesellschaftlicher Bewertungsmerkmale betont werden.

4. Psychologische Bewertung der Ausführbarkeit von Arbeitsaufträgen

4.1. Begriff der Ausführbarkeit von Arbeitsaufträgen und seine Stufung

Unter dem Aspekt der Ausführbarkeit wird geprüft, ob die Voraussetzungen für ein zuverlässiges, forderungsgerechtes, langfristiges Ausführen der Tätigkeit gegeben sind. Dieser normative Ausführbarkeitsbegriff kann nicht gleichgesetzt werden mit der Frage, ob eine Arbeitstätigkeit überhaupt — also einmalig oder in kurzfristigen Testsituationen — forderungsgerecht ausgeführt werden kann. Dabei wäre der Aspekt der dauernden, auf ganze Schichten und Berufslebensläufe bezogenen zuverlässigen forderungsgerechten Ausführbarkeit übersehen (TIMPE 1978). Ebensowenig kann umgekehrt eine Gleichsetzung erfolgen mit einer zwar langfristigen, aber dabei nicht zuverlässig forderungsgerechten Ausführung. Sonst wäre bereits das längere Existieren von Arbeitstätigkeiten ein Argument für ihre Ausführbarkeit im Sinne der tatsächlichen optimalen Erfüllbarkeit eines Auftrags. Es existieren jedoch seit langem Arbeitstätigkeiten, welche die gestellten Aufträge überhaupt nicht, nicht optimal oder nur unter unerwünschten Randbedingungen (Gefährdungen, Gesundheitsschäden) erfüllen:

Das von SCHMIDTKE und SCHMALE (1960) untersuchte Kontrollieren von Papierbögen auf Fehler wurde seit Jahren ausgeführt. Dennoch erlaubten die bestehenden Bedingungen in Wahrheit keine Kontrolle, weil die Inspektionszeit unterhalb der einfachen Reaktionszeit lag. Daher hatte auch die Sehtüchtigkeit keinen Einfluß auf die „Leistung".
Bei gutachtlichen Stellungnahmen ist die Ausführbarkeit gewissenhaft zu prüfen. Die „objektive Unmöglichkeit zur Erfüllung von Pflichten" stellt einen der schuldausschließenden Tatbestände gemäß § 10 des Strafgesetzbuches der DDR dar. Sie ist definiert als „die anforderungs- bzw. situationsbedingte Überforderung eines für die betreffende Tätigkeit geeigneten und qualifizierten, pflichtbewußt handelnden Menschen" (Beschluß des Obersten Gerichts der DDR vom 7. 2. 1973. Neue Justiz Beilage 2 [1973]). (Zum Schuldausschluß wegen zeitweilig beeinträchtigter Leistungsfähigkeit sowie wegen subjektiv nicht erkennbarer habitueller Leistungsmängel vergleiche Text 2.)

Ausführbarkeit kann ordinal gestuft werden als
— uneingeschränkte Ausführbarkeit, kurz Ausführbarkeit;
— eingeschränkte oder bedingte Ausführbarkeit im eingangs definierten normativen Sinne;
— Nichtausführbarkeit.

Ausführbarkeit im bewertenden, normativen Sinn liegt vor, wenn die forderungsgerechte Aufgabenerfüllung zuverlässig langfristig durch die gewählte arbeitsgestalterische Lösung gewährleistet werden kann. Dabei kann forderungsgerechtes Erfüllen das Einhalten von Randbedingungen wie Arbeits- und Gesundheitsschutzforderungen einschließen.

Eingeschränkte oder *bedingte normative Ausführbarkeit* ist gegeben, wenn bei der gewählten arbeitsgestalterischen Lösung die Arbeitstätigkeit ausgeführt werden kann nur unter der Bedingung, daß Abstriche an optimalen Ausführungsweisen, an der Zuverlässigkeit des Entstehens forderungsgerechter Ergebnisse gemacht werden oder mögliche Beeinträchtigungen bzw. Gefährdungen in Kauf genommen werden müssen. Bedingte Ausführbarkeit führt somit in jedem Fall zu Effektivitätsminderungen sowie zwar nicht zwangsläufig, aber der Möglichkeit nach zu Nachteilen für die Werktätigen, die sich auch in weiteren Bewertungsebenen niederschlagen können.

Nichtausführbarkeit im normativen Sinne liegt nicht nur dann vor, wenn bei der gewählten arbeitsgestalterischen Lösung die geforderte Arbeitstätigkeit nicht dauernd forderungsgerecht erfüllt werden kann, sondern auch, wenn mit Hilfe unzulässiger Gefährdungen oder unzumutbarer Beeinträchtigungen die Erfüllung erreicht werden müßte. Bei den letzten Bedingungen liegen Übergänge zu den Bewertungsebenen „Schädigungslosigkeit" und „Beeinträchtigungslosigkeit" vor.

4.2. Ursachen fehlender Ausführbarkeit und ihre psychologische Klassifizierung

Zunächst kann fehlende oder eingeschränkte Ausführbarkeit durch Verstöße gegen *biologische*, darunter anthropometrische Normative bedingt sein. Beispiele sind das Übersehen der aufbringbaren Maximalkräfte oder des durch Körpergröße, Arm- oder Beinlängen erreichbaren Bewegungsraums (Abb. 4.1. und 4.2. nach HÖHL und RICHTER 1961). Weiter kann die Ausführbarkeit dadurch aufgehoben oder eingeschränkt sein, daß im Stehen oder Sitzen Arbeitsobjekte nicht sichtbar sind. Als Ausweg werden unphysiologische Zwangshaltungen in Kauf genommen (Abb. 4.3.). In allen diesen Fällen liegen Verstöße gegen in vielen Industriestaaten gültige Normen vor (z. B. TGL 22315 und 32604; DIN 33402).

Die Übergänge zu Ausführbarkeitsbeschränkungen durch Verstöße gegen Voraussetzungen für die *psychophysiologische und psychologische* Regulation der Tätigkeiten sind fließend. Mit Ausnahme von sinnespsychophysiologischen Kenngrößen sind dafür noch keine verbindlichen Normen erlassen worden. Gemeinsam ist diesen Verstößen, daß nicht oder häufig nicht zuverlässig dauernd erfüllbare Anforderungen an tätigkeitsregulierende kognitive, also Informationsaufnahme- und Verarbeitungsleistungen gestellt werden und damit das Ausbleiben oder falsche Ausführen von erwarteten Tätigkeiten des Menschen aufgrund der Arbeitsgestaltung wahrscheinlich sind. Man muß hierbei von einer projektierten Fehlhandlungswahrscheinlichkeit als einer Form der Ausführbarkeitsbeschränkung sprechen.

Abb. 4.1.: Zeitweilige Arbeitshaltung an einer Textilmaschine.

Psychologische Bewertung der Ausführbarkeit von Arbeitsaufträgen

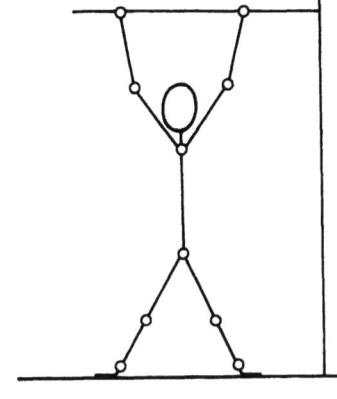

Abb. 4.2.: Arbeitshöhe an einer Vorstreckmaschine: 183 cm.

Abb. 4.3.: Ausführbarkeitseinschränkung durch ungenügende Berücksichtigung anthropometrischer Normen. Die Einschränkung ist hier durch fehlende Sichtbarkeit des Arbeitsfelds bedingt, welche zur Fehlhaltung zwingt.

Zur Klassifizierung kann man ausgehen von der Einteilung der Fehlhandlungsursachen (vgl. HACKER 1980, Kapitel 9). Einige dieser Fehlhandlungsursachen haben vorzugsweise arbeitsgestalterische Quellen und sind damit Ausführbarkeitsbeschränkungen. Zur Ableitung sei an das in der allgemeinen Arbeits- und Ingenieurpsychologie Dargestellte knapp erinnert: Arbeitstätigkeiten werden durch psychische Vorgänge reguliert. Diese psychische Tätigkeitsregulation setzt hinreichende Informationen voraus. Unterbleibende oder falsche Handlungen können erklärt werden durch verschiedene Formen von Mangel an handlungsregulierender Information (vgl. Tab. 4.1.). Zur Handlungsregulation erforderliche Information kann objektiv fehlen:

1. Objektiv fehlende Information

Entscheidend ist, daß in physikalischer Hinsicht gegebene Information noch nicht gleichzusetzen ist mit biologisch wirksamer. Um biologisch wirksam zu sein, muß die Information folgende Mindestbedingungen erfüllen:
Sie muß die Qualität erfaßbarer Reizmuster haben, also in mehreren Hinsichten überschwellig sein, sie muß zu handlungskritischen Zeitpunkten vorliegen, sie muß handlungsbezogene Qualität besitzen, also kompatibel sein.

Tab. 4.1.: *Prüfbedingungen für die Ausführbarkeit*

Kriterienbereich	Kriterien	Festlegungen/Quellen
1. Biologische Normative	1. anthropometrische Kennwerte, die *Dauerhaltungen* bestimmen	z. B. TGL 22315; 32604; ASAO 5. DIN 33402
	2. anthropometrische Kennwerte für aufbringbare *Kräfte*	z. B. TGL 30000; DIN 33411
	3. *sinnes*psychophysiologische Kennwerte	z. B. Lärm: TGL 10687; GOST 11870; DIN 45641; VDI 2058 Blatt 3 Beleuchtung: TGL 200-0617; DIN 5034
2. Psychophysiologische und psychologische Leistungsbedingungen	1. objektives Fehlen handlungsregulierender (h-r.) Information	
	2. objektives Fehlen biologisch wirksamer h-r. Information wegen — kritischer Lage zu Absolut- und Unterschiedsschwellen — Fehlens von „optimaler Unterscheidbarkeit" (im Sinne LOMOWS): Verhältnis von Unterscheidbarkeit und Zeitbedarf unzulänglich — Identifizierbarkeitsverstößen (im Sinne MILLERS) — verzögerter Zugänglichkeit h-r. Information — fehlender Verarbeitungszeit (im Sinne HICKS)	vgl. Datenspeicher im Anhang (9.1)
	3. gestaltungsbedingt fehlende (unvollständige) Nutzung objektiv vorhandener h-r. Information als — fehlende Nutzung wegen des Beanspruchungsausmaßes kognitiver und mnestischer Leistungen — fehlende Nutzung wegen zeitweiliger Redundanz des Angebots	ebendort; sowie Psychologie kognitiver Prozesse; Allgemeine Arbeits- und Ingenieurpsychologie; DIN 33405
	4. gestaltungsbedingt falsche Nutzung vorhandener h-r. Information, weil — Fehlidentifikationswahrscheinlichkeit wegen Kodierungsmängeln erhöht — Fehlzuordnungswahrscheinlichkeit wegen Kompatibilitätsverstößen erhöht	ebendort; z. B. TGL 11960, TGL 28-83; TGL 39602; DIN 1410-56; GOST 3051-70

Wann ist die Ausführbarkeit durch fehlende Information nicht gegeben oder beschränkt?

a) Beim *objektiven Fehlen* erforderlicher handlungsregulierender Information

Ein Beispiel wäre eine Maschine, bei der ein bestimmter Öldruck einzuhalten ist, wofür jedoch kein Anzeigegerät vorgesehen wurde.

Ein anderes Beispiel ist der Auftrag zur Klassifikation von Seide nach Farbstreifigkeit in mehrere Güteklassen ohne Vorgabe von Klassengrenzen (MATERN 1965). Dieser Auftrag wurde seit Jahren in einem Kunstseidenwerk erfüllt, insofern ist die Ausführbarkeit scheinbar nicht in Frage gestellt. Untersuchungen ergaben jedoch beim unbemerkten Sortieren der gleichen Seide durch mehrere Werktätige unabhängig voneinander Unterschiede bis zum 10fachen in der Zuordnung zu einer Güteklasse. So sortierte beispielsweise eine Sortiererin 6% der Produktion, eine andere jedoch 60% der gleichen Seide in die beste Güteklasse. Wenn man unterstellt, daß der Auftrag des Betriebes zur Gütesortierung ernst gemeint ist, so ist eine forderungsgerechte Ausführung des Auftrages offensichtlich nicht gewährleistet, obgleich die Arbeit seit Jahren täglich verrichtet wurde. Das Beispiel bestätigt erneut, daß die tägliche Verrichtung einer Arbeitstätigkeit nicht gleichzusetzen ist mit ihrer Ausführbarkeit im Sinne der zuverlässigen forderungsgerechten Erfüllung eines Auftrags.

b) Bei objektivem Fehlen *biologisch wirksamer* Information

Aus zwei Klassen von Gründen kann zwar physikalisch betrachtet Information vorliegen, biologisch betrachtet jedoch fehlen:

— Die Information liegt intensitäts- und/oder zeitmäßig unterhalb von Absolut- oder Unterschieds*schwellen*. Da Schwellen bedingungsabhängig sind (z. B. abhängig vom Lebensalter, Umgebungseinflüssen, Bedeutung der Aufgabe — vgl. Kriterienverschiebung im Sinne von ROC-Kurven —, Ermüdungszustand), können die unter idealen Laborbedingungen und jeweils isoliert ermittelten Schwellenwerte höchstens Hinweischarakter haben. Zu beachten ist der Unterschied von Unterscheidbarkeit überhaupt und optimaler Unterscheidbarkeit und weiter, daß die Anzahl sicher identifizierbarer Zustände wesentlich kleiner als die Anzahl auch der optimal unterscheidbaren ist (vgl. dazu Allgemeine Arbeits- und Ingenieurpsychologie).

Beispielsweise ist zuverlässiges Ausführen nicht gewährleistet, wenn akustische oder optische Signale nicht auch bei ermüdungsbedingt erhöhten Unterschiedsschwellen sicher vom Hintergrundlärm oder von blendenden Umgebungslichtquellen unterschieden werden können (Abb. 4.4.).

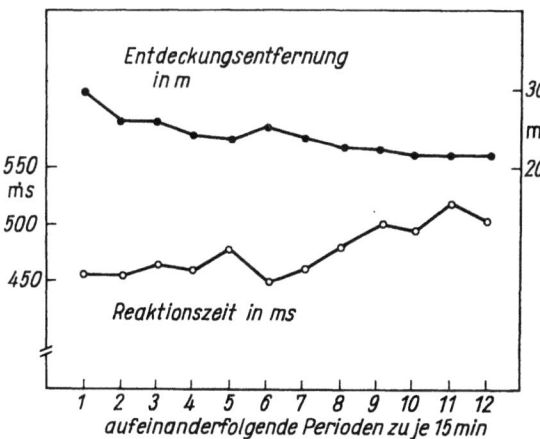

Abb. 4.4.: Veränderungen in den arithmetischen Mittelwerten der Reaktionszeit auf akustische Signale (untere Kurve) und der Entdeckungsentfernung optischer Hindernisse über 3 Stunden nächtlicher Autofahrt (10 Probanden); (LAURELL und LISPER 1978).

Die Ausführbarkeitsbewertung muß also die mögliche ermüdungsbedingte Verschlechterung menschlicher Leistungsvoraussetzungen berücksichtigen, die neuro-vegetativ beeinflußt sind und daher komplizierten rhythmischen Veränderungen unterliegen.

Wenn die Ausführbarkeit abhängt von der Verständlichkeit sprachlicher Befehle, geben die Sprachverständlichkeitskurven Richtwerte.

— Die objektiv existierende Information liegt zu den *Zeitpunkten*, zu denen sie benötigt wird, nicht vor.

Dieser Sachverhalt ist gegeben bei Tätigkeiten im Mensch-Maschine-System, bei denen die weiteren Eingriffe des Menschen die rückgemeldeten Auswirkungen früherer Eingriffe berücksichtigen müßten, was aber durch Verzögerungen der Rückmeldungen nicht rechtzeitig möglich ist.

<small>Derartige Verzögerungen können durch Trägheit im reagierenden System — etwa eines großen Schiffes — oder durch organisatorische Lücken — etwa bei der verzögerten Meldung von Analysedaten aus dem Labor an den Stahlschmelzer auf der Ofenbühne — verursacht sein.</small>

Unabhängig von den speziellen Ursachen ist die Ausführbarkeit immer dann eingeschränkt, wenn aktuelle Information als Grundlage der Handlungsregulation nicht zu dem Zeitpunkt zur Verfügung steht, zu dem gehandelt werden muß, wenn also ein früher bestehender, aber inzwischen vielleicht veränderter Zustand zur Grundlage von Eingriffsplanungen gemacht wird. Die verspätet eintreffende Information ist allerdings nicht wertlos, weil sie Korrekturen des Beurteilungsprozesses ermöglicht, und zwar um so wirksamer, je rascher sie auf das Handeln folgt.

Zur Handlungsregulation erforderliche Information kann objektiv vorhanden sein, aber aufgrund von Gesetzmäßigkeiten der biologischen Informationsverarbeitung kann die zuverlässige *Nutzung* unwahrscheinlich sein:

2. Fehlende oder falsche Nutzung vorhandener Informationen

Die Ausführbarkeit ist aufgehoben oder eingeschränkt durch gestaltungsbedingt fehlende oder falsche Nutzung vorhandener Information.

In der psychischen Regulation von Arbeitstätigkeiten kann Information ungenügend oder falsch genutzt werden bei allen Teilvorgängen, also beim Richten, Orientieren, Entwerfen oder Aktivieren von Handlungsprogrammen, Entscheiden oder Kontrollieren des Ausführens.

a) Für *fehlende* Nutzung können hauptsächlich zwei Ursachen verantwortlich sein:
— Überforderung der kognitiven und mnestischen Leistungen. Diese Überforderung liegt nicht nur dann vor, wenn die geforderten Leistungen prinzipiell nicht erfüllbar sind, sondern bereits dann, wenn die mit dem Versuch der Erfüllung entstehenden kognitiv-mnestischen Beanspruchungen so hoch sind, daß im Interesse langfristiger Arbeit auf beanspruchungsärmere Vorgehensweisen ausgewichen werden muß, die allerdings objektiv angebotene handlungsbedeutsame Information unberücksichtigt lassen. Hauptanlaß dafür sind Anforderungen an das operative Gedächtnis, also an das kurzfristige Behalten von Zwischenresultaten gedanklicher Verarbeitungsschritte, wie sie beim Anwenden von mehrstufigen Regeln auftreten.

<small>Charakteristische Beispiele finden sich in Überwachungstätigkeiten. Wiederholt wurde hierfür gezeigt (PAUL und RICHTER 1975, MATERN 1976), daß langfristig nicht mehr als drei unabhängige technologische Parameter beim Fahren von Anlagen berücksichtigt werden, auch wenn objektiv eine größere Anzahl wirksam ist und dem Anlagenfahrer angezeigt wird. Ebenso werden komplizierte nichtlineare Funktionen zwischen mehreren Parametern und dem erforderlichen Eingriff subjektiv in einfachere lineare transformiert, womit wiederum objektiv gegebene handlungsbedeutsame Information ungenutzt bleibt. Die Folgen sind sehr lange Anlernzeiten und auch bei mehrjährig tätigen Anlagenfahrern noch beträchtliche Abweichungen der technologischen Ist- von den Sollwerten (MATERN 1977, Abb. 4.5.).</small>

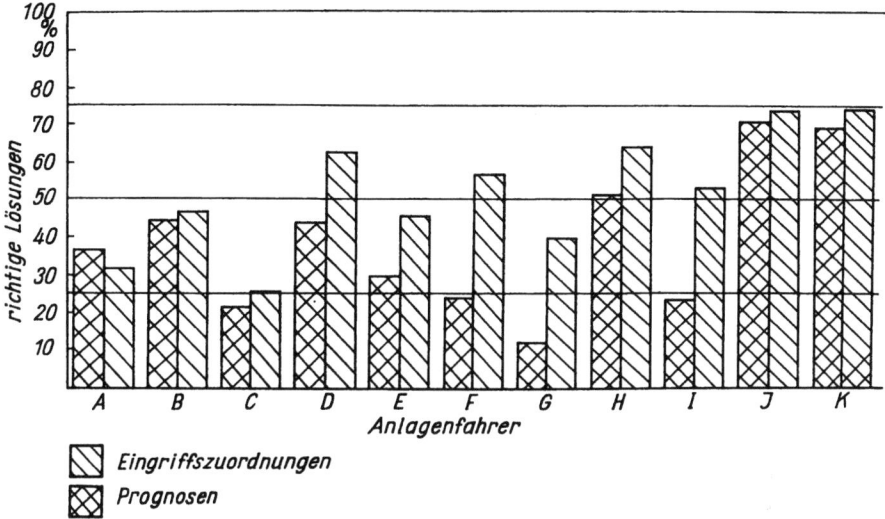

Abb. 4.5.: Anteil richtiger Prognosen und Eingriffszuordnungen bei der Bearbeitung fingierter Schichtprotokolle durch 11 Anlagenfahrer (MATERN 1977).

Wiederum ist die Ausführbarkeit scheinbar gegeben, denn diese Tätigkeiten werden täglich mit Nutzen ausgeführt. Tatsächlich liegt eingeschränkte oder bedingte Ausführbarkeit vor, da eine zuverlässige forderungsgerechte Ausführung mit der prinzipiell möglichen idealen Sollwerteinhaltung nicht gegeben ist.

Die Verbesserung der Ausführbarkeit ist durch Arbeitsgestaltungsmaßnahmen möglich, die durch technische Informationsvorbereitung mit Hilfe von Prozeßrechnern menschliche kognitive Leistungen entlasten.

— Fehlende Nutzung gegebener Information aufgrund von *Redundanzausnutzung*.

Im Falle vorhersehbarer Ereignisse bilden sich gesetzmäßig Erwartungen aus, die zu ökonomischeren Formen der menschlichen Informationsaufnahme und -verarbeitung führen. Das Fortbestehen der aufgrund erkannter Regelhaftigkeiten erwarteten Situation

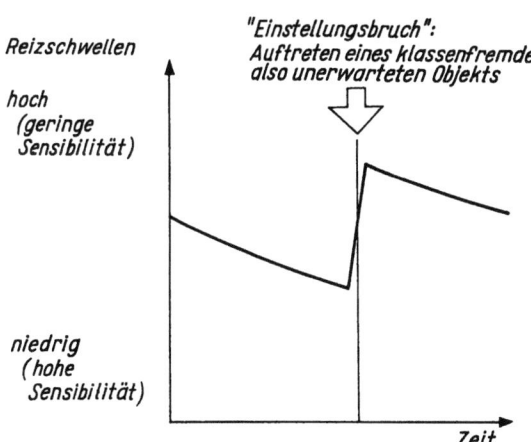

Abb. 4.6.: Wahrnehmungseinstellungseffekt (schematisiert): Veränderung der Sinnesschwellen — sowie der Reaktionszeit, der Fehlidentifizierungswahrscheinlichkeit und der Aktivierung — bis zum Auftreten von Ereignissen, die außerhalb des durch Erfahrungsgewinn aufgebauten Erwartungsbereichs liegen.

wird seltener, in verkürzter Weise und bei herabgesetzter Aktivität überprüft. Damit wächst die Wahrscheinlichkeit des Übersehens oder des verspäteten Bemerkens unvorhersehbarer Veränderungen bis zum sogenannten Einstellungsbruch (Abb. 4.6.).

Eingeschränkte Ausführbarkeit liegt mithin insofern vor, als die Wahrscheinlichkeit forderungsgerechten Handelns durch gesetzmäßig herabgesetzte Informationsausnutzung verhindert ist. Spezielle Arbeitsgestaltungsmaßnahmen zur Sicherung der zuverlässigen forderungsgerechten Ausführbarkeit sind hier unerläßlich.

b) Die *falsche* Nutzung objektiv richtiger handlungsregulierender Information kann unter einigen Bedingungen überzufällig, geradezu regelhaft auftreten.

Wurden diese Bedingungen durch Arbeitsgestaltung nicht ausgeschlossen, so sind Häufungen von Fehlhandlungen zu erwarten, die zuverlässige forderungsgerechte Ausführbarkeit ist also nicht gegeben.

— Von untergeordneter arbeitsgestalterischer Bedeutung sind mögliche Fehlidentifikationen von Signalen.

Auch unter industriellen Bedingungen treten geometrisch-optische Wahrnehmungstäuschungen, stroboskopische Effekte an rotierenden Teilen in Abhängigkeit von der Beleuchtung und Auswirkungen mangelnder Kontraste auf.

— Beträchtliche Konsequenzen für die Ausführbarkeit haben dagegen Fehlzuordnungen von Handlungen zu auslösenden Signalen, wie sie gehäuft bei Verstößen gegen Populationsstereotypien in der Signal-Handlungs-Zuordnung zu erwarten sind. Derartige arbeitsgestalterische Verstöße machen angeborene oder erworbene Handlungsgewohnheiten (Stereotypien) unvereinbar (inkompatibel) mit Handlungserfordernissen. Zu berücksichtigen sind hierbei Abbildungs-, Interpretations-, Signal-Antwort-Zuordnungs-, Erwartungs- sowie unspezifische Reaktionsstereotypien (vgl. HACKER 1980, Kapitel 8).

4.3. Datenspeicher für das Bewerten der Ausführbarkeit

Eine auszugsweise Aufstellung von psychophysiologischen und psychologischen Daten für das Bewerten der Ausführbarkeit befindet sich im Anhang (9.1.).

5. Psychologische Bewertung der Schädigungslosigkeit (bzw. Gesundheitsförderlichkeit) von Arbeitstätigkeiten

5.1. Einordnung des psychologischen Aspekts in die arbeitshygienische Bewertung. Die Bewertungsstufen

Die zuverlässige, forderungsgerechte, langfristige Ausführbarkeit von Arbeitstätigkeiten muß nicht ausschließen, daß durch die Arbeitstätigkeit oder im Zusammenhang mit ihr Gesundheitsschäden auftreten können.

Der Bewertungsaspekt der Schädigungslosigkeit prüft, inwieweit durch die Arbeitsgestaltung körperliche und psychische (psychonervale) Gesundheitsschäden reversibler und irreversibler Art ausgeschlossen sind. Dabei muß die Variationsbreite der im Arbeitsprozeß vorzufindenden Leistungsvoraussetzungen von Jugendlichen, Alternden, Männern und Frauen, bleibend Leistungsgeminderten, chronisch Kranken aber Arbeitsfähigen oder Schwangeren berücksichtigt werden.

Das angestrebte Ziel geht über das Verhüten jeder Art von Gesundheitsschäden durch den jeweiligen Arbeitsprozeß hinaus und strebt Beiträge der Arbeitsprozesse zur Verbesserung bzw. zur Festigung der Gesundheit im weiten Sinne der WHO-Definition für das gesamte Arbeitsalter des Menschen an. Eine derartige gesundheitsförderliche Arbeitsgestaltung in der modernen mechanisierten und automatisierten Wirtschaft und Verwaltung ist noch wenig bearbeitet. Vorerst wird daher unterstellt, daß die Beiträge zur Verwirklichung von Beeinträchtigungslosigkeit (Abschnitt 6) und von Persönlichkeitsförderlichkeit (Abschnitt 7) gleichzeitig auch der Gesundheitsförderung dienen.

Die psychologische Bewertung der Schädigungslosigkeit ist ein *Teil der arbeitshygienischen Bewertung von Gesundheitsgefährdungen*. Diese umfaßt:
1. *Gesundheitsgefährdungen durch Umweltfaktoren* wie Lärm, Schwingungen, Stäube, toxische oder krebserregende Stoffe, ionisierende Strahlungen oder Beleuchtung (vgl. Handbuch des Gesundheits- und Arbeitsschutzes, Band 1, S. 134f.).

Diese Gesundheitsgefährdungen können am Überschreiten arbeitshygienischer Grenzwerte und Normative abgelesen werden, die für fast alle Arten gefährdender Umweltfaktoren vorliegen. Derartige Grenzwerte sind u. a. die sogenannten MAK-Werte, d. h. maximal zulässige Konzentrationen gefährdender Stoffe am Arbeitsplatz, die für 30 Minuten oder für eine Schicht festgelegt sind.

In der DDR werden in manchen Zusammenhängen zum Kennzeichnen des Grades von Gesundheitsgefährdungen vereinfachende Kennzahlen verwendet. In Analogie zu den Kennzahlen der wissenschaftlichen Arbeitsorganisation (WAO) variieren sie zwischen 0 und 1.

Ein ungeklärtes Problemfeld auf diesem ansonsten vergleichsweise gut durchgeklärten Gebiet der Gesundheitsgefährdungen durch Umweltfaktoren betrifft kombinierte Einflüsse. Über die Wirkungen kombinierter physikalisch-chemischer oder physikalisch-chemischer *und* psychischer Schadeinflüsse auf die Gesundheit des Menschen ist noch wenig bekannt. Man unterscheidet hierbei im Sinne der WHO
— *unabhängige* Wirkungen, bei denen jeder Einflußfaktor zu einer anderen Wirkung führt,
— *synergistische* Wirkungen, bei denen die Effekte der Einzelfaktoren sich in einem Gebiete addieren oder gar potenzieren und
— *antagonistische* Wirkungen, bei denen die kombinierte Wirkung geringer als die Einzelwirkung ist (METZ 1982).

2. *Gesundheitsgefährdungen durch körperliche und psychische Belastungen.* Körperliche Belastungen sind im Unterschied zu psychischen kein Gegenstand der Psychologie und werden daher hier nicht erörtert. Bewertungsmöglichkeiten hierzu sind bekannt und in der arbeitsmedizinischen Literatur (z. B. im erwähnten Handbuch, Band 2) behandelt.

Für psychische Belastungen sind einerseits Sieb- oder Screeningverfahren entwickelt worden zur Befragung von Beschäftigtengruppen über ihr Befinden bei der Arbeit. Die erfragten Sachverhalte betreffen im wesentlichen Zeitdruck, belastende Verantwortung, Konflikte, Nervosität, rasche Abgespanntheit, vorzeitigen Abbau der Leistungsfähigkeit; fehlende Freude und Interessantheit der Arbeit, Verlangen nach Abwechslung, Aufmerksamkeitsabbau. Das deutliche Auftreten von wenigstens vier der ersten sechs erfragten Sachverhalte wird als Vorliegen von psychischen Belastungen mit möglichen negativen Auswirkungen auf die Gesundheit interpretiert (vgl. z. B. zitiertes Handbuch, Band 2, S. 111f.).

Hinausgehend über die Filter- oder Screeningverfahren gibt es andererseits psychologische Untersuchungsverfahren, die es gestatten, als gefährdet ausgefilterte Personen differentialdiagnostisch *eingehender* zu untersuchen. Vereinfachend können zwei Gruppen einschlägiger Verfahren unterschieden werden

a) Verfahren, die aktuelle arbeitsbezogene Befindensbeeinträchtigungen erfassen und dabei solche Ausprägungen abzugrenzen gestatten, die bei einem langfristigen Vorliegen mit der Möglichkeit des Entstehens von Gesundheitsschäden verknüpft sind (z. B. das BMS-Verfahren, RICHTER und PLATH 1976),

b) Verfahren, die bereits verfestigte Beschwerden erfassen, welche bei bestimmten Kombinationen oder Häufungen auch Krankheitswert besitzen können (z. B. BFB nach HÖCK und HESS 1975; vgl. zur Bewährung PAUL und METZ 1982; Freiburger Beschwerdenliste [FBL] nach FAHRENBERG 1975).

Auch bei den Gesundheitsgefährdungen durch körperliche und psychische Belastungen sind *Kombinationswirkungen* von großem Einfluß auf das langzeitig mögliche Entstehen von Erkrankungen. Nach dem derzeitigen Wissen ist bei einer hohen Intensität der psychonervalen Anforderungen die Wahrscheinlichkeit des Entstehens insbesondere von Herz-Kreislauf- sowie von Magen-Darm-Erkrankungen dann wesentlich erhöht, wenn

— die Freiheitsgrade für selbständige Zielstellungen über die Vorgehensweisen stark eingeschränkt sind oder gar gänzlich fehlen oder wenn

— wenig oder keine soziale Unterstützung durch Arbeitskollegen oder durch die Familie gewährleistet sind.

Diese Kombinationswirkungen bestimmen auch das Ausmaß kurzfristiger Beeinträchtigungen, also z. B. die Ermüdung oder Streßreaktionen. Sie haben somit auch für die Bewertungsebene Beeinträchtigungslosigkeit Bedeutung.

Weitestgehend unbekannt sind Kombinationswirkungen von körperlichen und psychonervalen Beanspruchungen sowie von Umweltfaktoren und psychonervalen Beanspruchungen.

Für das hier verfolgte Anliegen der psychologischen Bewertung der verschiedenen Arbeitstätigkeiten innerhalb eines Berufs zum Zwecke der Ableitung konkreter Umgestaltungsmaßnahmen ist damit zunächst ein Suchbereich umschrieben. Die folgenden Darstellungen konzentrieren sich auf den psychologischen Problemanteil:

Schädigungslosigkeit im Sinne eines normativen Bewertungsaspekts ist gegeben, wenn bei allen im Arbeitsprozeß möglichen Leistungsvoraussetzungen arbeitsbedingte körperliche und psychonervale Gesundheitsschäden mit Sicherheit durch die gewählte arbeitsgestalterische Lösung ausgeschlossen sind.

Bedingte Schädigungslosigkeit liegt vor, wenn arbeitsbedingte Gesundheitsschäden von der arbeitsgestalterischen Lösung nicht ausgeschlossen werden können, indem sie durch das Zusammentreffen mehrerer Umstände, darunter insbesondere begrenzter Leistungsvoraussetzungen, möglich, wenn auch nicht sicher sind und daher durch zusätzliche Forderungen ein Ausschluß versucht werden muß. Solche Zusatzforderungen sind gefährdungsspezifische zusätzliche Anforderungen an das arbeits- und gesundheitsschutzgerechte Verhalten, wie das Benutzen individueller Körperschutzmittel. Tauglichkeits- und Überwachungsuntersuchungen sind erforderlich. Bedingt ist die Schädigungslosigkeit dabei also insofern, als sie von der Wirksamkeit und der Einhaltung der Zusatzforderungen an Leiter und/oder Werktätige abhängen kann. Bedingte Schädigungslosigkeit geht in der Regel mit Produktivitätsverlusten einher.

Schädigungslosigkeit ist *nicht* gegeben, wenn arbeitsgestalterische Lösungen mit hoher Wahrscheinlichkeit oder mit Sicherheit zu Gesundheitsschäden führen würden, falls Werktätige ihnen langzeitig ohne Zusatzvorkehrungen wie Reihenuntersuchungen und Verhaltensvorschriften ausgesetzt wären. Das wäre insbesondere dort der Fall, wo Arbeitsschutzanordnungen oder arbeitshygienische Normen und Grenzwerte nicht eingehalten würden oder wo noch nicht in Normativen erfaßte gesundheitsschädigende Arbeitsbedingungen vorlägen, die bekanntermaßen gehäuft zu Erkrankungen führen (z. B. einige arbeitsbedingte Hauterkrankungen, einige Erkrankungen von Muskeln, Sehnen, Bändern und Gelenken, wie die Sehnenscheidenentzündungen bei unphysiologischen Beanspruchungsformen). Weiterhin können Verstöße gegen die Forderung der Schädigungslosigkeit arbeitsgestalterischer Lösungen dort vorliegen, wo arbeitsbedingt der allgemeine Krankenstand statistisch signifikant erhöht ist und/oder das körperliche Wohlbefinden mit Sicherheit beeinträchtigt ist.

Dabei wird davon ausgegangen, daß Arbeits- und Brandschutzanordnungen und arbeitshygienische Normen und Grenzwerte dazu dienen, solche Gesundheitsschäden auszuschließen, die regelhaft durch bestimmte Arbeitsbedingungen hervorgerufen werden. Die Liste der Berufserkrankungen sowie der reihenuntersuchungspflichtigen Arbeitstätigkeiten bzw. -plätze werden als Zusammenstellungen von bzw. Hinweise auf Arbeitsbedingungen aufgefaßt, die mit hoher Wahrscheinlichkeit zu Gesundheitsschäden führen können.

Bewertungskriterien sind mithin zunächst arbeitshygienische Normen einschließlich MAK-Werten (maximal zulässigen Konzentrationen an Arbeitsplätzen), Arbeitsschutzanordnungen sowie die Liste der reihenuntersuchungspflichtigen Arbeitsplätze. Da MAK-Werte trotz ihrer (tier)experimentellen Ableitung und epidemiologischen Überprüfung von den ihrer Bestimmung zugrunde gelegten Bedingungen abhängen und sich daher zwischen verschiedenen Ländergruppen teilweise unterscheiden, empfiehlt es sich, zum Vergleich MAK-Werte verschiedener Länder zusätzlich heranzuziehen.

5.2. Merkmale von Verstößen gegen die Schädigungslosigkeit

Betrachten wir mögliche Verstöße gegen die Forderung nach Schädigungslosigkeit im einzelnen:

Der Gesundheitsbegriff der Weltgesundheitsorganisation bezieht sich nicht lediglich auf das Nichtvorhandensein von Krankheiten und physischen Schädigungen, sondern definiert Gesundheit als vollständiges körperliches, psychisches und soziales Wohlbefinden. Die über das Verhüten von Gesundheitsschäden hinausgehenden Bewertungsaspekte im Zusammenhang mit dem psychischen und sozialen Wohlbefinden werden auf den Ebenen „Beeinträchtigungslosigkeit" und „Persönlichkeitsförderlichkeit" aufgegriffen.

Unter Gesundheitsschäden werden für die Bewertung arbeitsbedingte körperliche und psychonervale Erkrankungen verstanden, unabhängig davon, ob Arbeitsunfähigkeit im arbeitsrechtlichen Sinne vorliegt oder nicht. Beim Bewerten zum Zwecke der korrigierenden und projektierenden Arbeitsgestaltung sind also zu beachten:
1. Gesundheitsschäden getrennt nach
— Arbeitsunfallfolgen,
— Berufserkrankungen und sonstige mit hinreichender Wahrscheinlichkeit arbeitsbedingte Erkrankungen (vgl. BRÄUNLICH und KONETZKE 1979, HÄUBLEIN, SCHULZ, GUTEWORT und BLAU 1977).
— allgemeiner Morbidität (allgemeiner Erkrankungshäufigkeit).
Noch weitere Informationen können aus der Dauer der eventuellen Arbeitsunfähigkeit oder aus dem Grad des anerkannten Körperschadens gewonnen werden.

Während die Arbeitsbefreiungen relativ leicht anhand von Arbeitsunfähigkeitsstatistiken erfaßbar sind, sind für das Übrige Erfassungshilfen erforderlich. Dazu eignen sich Konsultationen medizinischer Einrichtungen, Daten über Behandlungen und den Medikamentenverbrauch sowie Erhebungen über das gesundheitliche Befinden mit Ausrichtung auf Gesundheitsstörungen (z. B. mit Hilfe des Beschwerdenfragebogens BFB von HÖCK und HESS 1975; FBL von FAHRENBERG 1975).

2. Prophylaktische Arbeitsplatzwechsel, die als Folge von Überwachungsuntersuchungsbefunden und im Zusammenhang mit Verdacht auf Berufserkrankungen angeordnet werden können.

Die Untergliederung in Betriebsunfälle, Berufserkrankungen und allgemeinen Krankenstand ist für Bewertungszwecke wegen der gezielten Ableitung von Gestaltungsmaßnahmen nützlich.

In dieser Auflistung könnte unklar erscheinen, inwiefern über Arbeitsunfälle und Berufskrankheiten hinaus die sonstigen Arbeitsschäden und die allgemeine Morbidität mit und ohne Arbeitsunfähigkeit Nutzen für das Bewerten von Arbeitstätigkeiten und deren Ausführungsbedingungen haben. Sie können Hinweise auf Vorzüge und Nachteile arbeitsgestalterischer Lösungen enthalten, die wegen ihrer weitreichenden ökonomischen Folgen berücksichtigt werden müssen. Der Anteil der Arbeitszeitausfälle durch Berufserkrankungen und Arbeitsunfälle am Gesamtarbeitszeitausfall aus gesundheitlichen Gründen ist nämlich sehr gering. Beispielsweise betrug der Anteil des arbeitsbedingten Unfallkrankenstandes 1974 in der DDR nur 0,34% (ENDERLEIN u. a. 1975).

Wenn die *allgemeine* Morbidität mit Arbeitsunfähigkeit zur Bewertung arbeitsgestalterischer Lösungen herangezogen werden soll, müssen personelle und soziologische Kovariable wie die Verteilung der Geschlechts- und Alterszugehörigkeit, welche die Erkrankungsanfälligkeit und damit den *nicht* nachweisbar von Arbeitsanforderungen beeinflußten Krankenstand bedingen, eliminiert werden. Dazu ist es üblich, altersstandardisierte Krankenstandskennziffern zugrunde zu legen (WIESNER-BALCKE und ENDERLEIN 1975). Das Vorgehen zur näherungsweisen Abtrennung eines von Arbeitsanforderungen beeinflußten Morbiditätsanteiles wird anderwärts dargestellt (vgl. Methodik der psychologischen Arbeitsuntersuchungen, Text 3 dieser Reihe, sowie RICHTER 1976).

Tab. 5.1.: *Schematische Darstellung von möglichen bewertungsrelevanten Beziehungen zwischen Arbeitsbedingungen und allgemeinen Gesundheitsbeeinträchtigungen (allgemeiner Morbidität) (Prüfkriterien erfordern Vergleich mit alters- und geschlechtsstandardisierten Kennziffern bzw. unbeeinträchtigten Vergleichspopulationen)*

Klasse der Arbeitsbedingungen	Auswirkungen	Prüfkriterien
Arbeitsumgebungs-bedingungen	1. Arbeitsunfähigkeit (AU) (ohne Berufskrankheiten und Arbeitsunfälle)	AU-Morbidität (erhöht?)
	2. Befindensbeeinträchtigung mit Leistungsfolgen	Befindensskalierung (verschlechtert?) Arztkonsultationen (erhöht?)
	3. Medikamentenverbrauch	Medikamentenverbrauch (erhöht?)
Arbeitstätigkeitsspezifische Bedingungen	• direkt 4. Arbeitsunfähigkeit (Einschränkung wie bei 1)	AU-Morbidität (erhöht?)
	• vermittelt 5. Arbeitsunfähigkeit (Einschränkung wie bei 1)	Befindensskalierung (verschlechtert?)
	6. Befindensbeeinträchtigung mit Leistungsfolgen	Arztkonsultationen (erhöht?)
	7. Medikamentenverbrauch	Medikamentenverbrauch (erhöht?)

Tab. 5.1. faßt schematisch die bei der Bewertung zu berücksichtigenden Beziehungen zwischen verschiedenen Klassen von Arbeitsbedingungen und verschiedenen Auswirkungsformen von allgemeinen Gesundheitsbeeinträchtigungen zusammen und nennt quantifizierbare Bewertungsmerkmale (Erläuterungen erfolgen in 5.4.).

Der Nutzen dieser Merkmale für Bewertungen im Rahmen der korrigierenden Arbeitsgestaltung ist offensichtlich. Zur Bewertung im Rahmen der projektierenden Arbeitsgestaltung sind diese Merkmale dann nützlich, wenn die Projekte solche Arbeitstätigkeiten bzw. Arbeitsbedingungen erzeugen, die in vergleichbarer Weise bereits existieren und für welche mithin Morbiditätsdaten bereits vorliegen. Das ist gegenüber völlig neuartigen, unvergleichbaren Lösungen der häufigere Fall. Wir kommen darauf zurück.

5.3. Psychologische Aspekte der Schädigungslosigkeit

Zu den *psychologischen* Anliegen gehört die scheinbar der Medizin vorbehaltene Bewertungsebene „Schädigungslosigkeit" aus zwei Gründen:
a) Der Anteil vorzugsweiser arbeitshygienisch und arbeitsschutztechnisch interessierender, gefährlicher und die physische Gesundheit schädigender Arbeitstätigkeiten wird geringer, wie die Häufigkeiten tödlicher und schwerer Arbeitsunfälle und anerkannter Berufskrankheiten belegen. Damit nimmt unter anderem der Anteil sogenannter psychonervaler Gesundheitsstörungen und psychischer Befindensbeeinträchtigungen relativ zu. Das kann ungünstigenfalls im Sinne einer absoluten Zunahme unterstützt werden durch Anforderungsverlagerungen von vorwiegend körperlichen zu vorwiegend geistigen Leistungen.

Bezeichnungen für derartige psychophysiologische Störungen bzw. Beeinträchtigungen sind Neurose, funktionelle Störungen, vegetative Dystonie, nervöser Erschöpfungszustand. Funktionelle Störungen können sich zu beträchtlichem Anteil auch hinter anderen Diagnosen verbergen, indem sie
— als andere Diagnosen erscheinen oder
— ein gehäuftes Auftreten anders verursachter Erkrankungen auslösen oder
— verlangsamte Rekonvaleszenz bei anders ausgelösten Erkrankungen bedingen.

Man bezeichnet diesen wesentlichen Sachverhalt anschaulich als das „Einschleichen" funktioneller Störungen in andere Diagnosen.

Die ausschlaggebende Bedeutung haben Neurosen und funktionelle Störungen. Neurosen sind nachhaltige erlebensbedingte Störungen der Person-Umwelt-Beziehung mit psychischer und/oder körperlicher Symptomatik. Funktionelle Störungen sind Störungen in organismischen Abläufen, insbesondere des Herz-Kreislauf- und des Magen-Darm-Systems, die, auf nervöse Fehlsteuerung zurückgehend, (noch) keine nachweisbaren organischen Veränderungen erkennen lassen.

Der Anteil dieser Störungen ist bei den Menschen, die ärztliche Behandlung suchen, hoch. Etwa 30% der Patienten allgemeinärztlicher und internistischer Sprechstunden sowohl in Großstädten wie Landgemeinden weisen neurotisch-funktionelle Störungen auf. Bei einer Analyse für den Kreis Zittau nahmen bei den 35- bis 45jährigen Männern diese Erkrankungen den zweiten Platz nach Verletzungen und vor Magen-Darm-Erkrankungen sowie Herz-Kreislauf-Erkrankungen ein. Bei den gleichaltrigen Frauen standen Nervenkrankheiten und psychische Störungen an erster Stelle vor Herz-Kreislauf- und vor Unterleibserkrankungen (Höck 1976). Bei einer Untersuchung von 1000 Einwohnern in Erfurt zeigten sich bei Gruppen mit Herzinfarktgefährdung deutlich ausgeprägtere neurotische Symptome (Höck 1976). Diesem „Wandel der Morbiditätsstruktur mit relativer Zunahme neurotisch-funktioneller Störungen" ... muß im Interesse der „Steigerung des sozialistischen Lebensgefühls und der Arbeitsproduktivität" nicht zuletzt durch Vorbeugungsmaßnahmen Rechnung getragen werden

(Prager Psychotherapie-Thesen 1973, bestätigt von den Gesundheitsministerien der sozialistischen Länder; zit. nach HÖCK 1976, BACHMANN u. a. 1978).
b) Arbeitstätigkeiten werden psychisch reguliert. Jedes Aktionsprogramm schließt neben zentralen stets periphere nervale sowie humorale Aktivitätsmuster ein (PICKENHAIN 1975). Fehlregulationen des Verhaltens können daher den gesamten Organismus beeinflussen. Durch Fehlregulationen des Verhaltens können Streßzustände entstehen (SCHULZ 1979); es ist also nicht nur so, daß Streßzustände Fehlregulationen auslösen oder aufrechterhalten.

Psychische Anforderungen bzw. Fehlanforderungen können damit über komplizierte Zwischenglieder körperliche, psychonerval vermittelte Erkrankungen auslösen. Derartige Anforderungen bestehen nicht in übermäßigem Kraftaufwand, unphysiologischer Bewegungsführung oder Aufenthalt in Luft mit schädlichen Beimengungen, sondern in der Struktur der psychischen Arbeitsanforderungen. Sowohl quantitative wie qualitative Überforderungen als auch Unterforderungen von Leistungsvoraussetzungen, also insbesondere von Fähigkeiten und arbeitsbezogenen Einstellungen, durch repetitive Teilarbeit (d. h. häufig wiederholte elementare Verrichtungen mit einem geringen Beitrag des einzelnen Arbeitenden zum Gesamtergebnis), durch unklare Anforderungen oder Anforderungsfolgen, durch unbefriedigende bzw. sogar konflikthafte soziale Beziehungen bei der Kooperation oder durch das Erleben fehlender Entwicklungsmöglichkeiten können in Wechselwirkung mit begünstigenden Persönlichkeitseigenschaften und situativen Bedingungen psychische Störungen mit oder ohne körperliche Begleitsymptomatik auslösen (KORNHAUSER 1965, KASL 1978, UDRIS 1981).

Vereinfachend lassen sich zwei miteinander verflochtene Ansatzpunkte psychischer Störungen hervorheben:
— ein Mißverhältnis zwischen den Anforderungen und den Leistungsmöglichkeiten des jeweiligen Menschen,
— ein Mißverhältnis zwischen den Bedürfnissen gegenüber dem Arbeitsprozeß und ihren Befriedigungsmöglichkeiten (CAPLAN 1975).

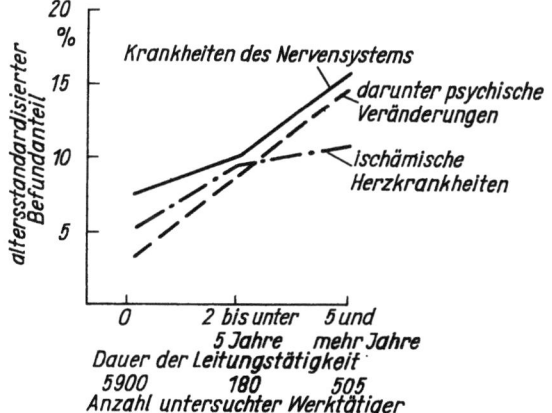

Abb. 5.1.: Altersstandardisierter Anteil männlicher Werktätiger mit funktionsmindernden Befunden in Relation zur Dauer der ausgeübten Leitungstätigkeit im Falle ungünstiger Zusatzbedingungen (10 Industriezweige) (nach ENDERLEIN u. a. 1975).

Zunächst ist psychonervale (neuropsychische) Fehlbeanspruchung im Sinne von hochgradiger Überforderung, seltener auch Unterforderung zu berücksichtigen, die zu funktionellen Gesundheitsstörungen führen können (in Tab. 5.1. als direkter Weg bezeichnet). Beispielsweise ist an Arbeit unter Zeit- und/oder Verantwortungsdruck, unter hohem Risiko, aber unzureichenden Freiheitsgraden, oder bei Überforderung kognitiver Leistungsmöglichkeiten zu denken. Ein mögliches Beispiel hierfür ist in Abb. 5.1. dargestellt. Mit der Dauer von Leitungsaufgaben kann es unter ungünstigen Umständen zu einem Anstieg ischämischer Herzkrankheiten, Hypertonie und allgemeiner Nervenerkrankungen, einschließlich psychischer Veränderungen kommen (ENDERLEIN u. a. 1975, REIMER u. a. 1981, BACHMANN u. a. 1981).

Entgegen häufig anzutreffenden Meinungen finden sich die größten Häufungen von psychonerval vermittelten arbeitsbedingten Erkrankungen nicht bei Arbeitskräften mit zentralen Leitungsaufgaben, sondern bei Produktionsarbeitern. Dabei handelt es sich hauptsächlich um Arbeiter an Arbeitsplätzen mit Fehlbeanspruchung durch überdurchschnittlich hohe Arbeitsintensität bei einem fremdbestimmten Tempo mit Zeitdruck und geringem bis fehlendem Einfluß (Freiheitsgraden, Kontrolle) auf die eigene Tätigkeit sowie emotionalen Belastungen.

Tab. 5.2. illustriert diesen Sachverhalt am Beispiel einer Untersuchung Westberliner Arbeiter nach dem ersten Herzinfarkt. Das Erleben der Arbeitsplatzunsicherheit tritt für diese Gruppe zu den tätigkeitsinternen Merkmalen noch hinzu. Trotz der methodischen Grenzen derartiger Befragungen nach dem Infarkteintritt verweist das Beispiel auf einige verallgemeinerbare Gesundheitsgefahren.

Tab. 5.2.: *Herzinfarkt und Arbeitsbeanspruchungen: Beanspruchungs- bzw. Belastungsmerkmale, die von Patienten mit Herzinfarkt signifikant häufiger für ihre Arbeitstätigkeit bejaht werden als von einer Kontrollgruppe* (MASCHEWSKI 1980).
(Infarktpatienten entstammen einer Gesamterfassung für Westberliner Arbeiter zwischen 30 und 64 Jahren; Kontrollgruppe ist repräsentativ zusammengesetzt; Teilstichprobe: nur Metallarbeiter. Merkmalsauswahl nach Höhe des Signifikanzniveaus der Unterschiede bis 0,20).

Bei Arbeitern mit dem ersten Herzinfarkt als ausgeprägt erlebte Beanspruchungen bzw. Belastungen im Arbeitsprozeß	Signifikanzniveau	
	Gesamtpopulation	Teilpopulation
hohe Unfallgefahr	0,01	
hohe Konzentrationsforderungen	0,01	0,13
schnelles Reagieren erforderlich (Zeitdruck)	0,02	
viel Überlegung nötig	0,09	0,05
Verantwortung für Fehler anderer	0,12	0,01
häufiges Warten-müssen (eingeschränkte zeitliche Dispositionsmöglichkeiten)	0,12	
Ärger mit Kollegen	0,13	
Eintönigkeit	0,17	0,17

Fehlbeanspruchung durch Über- bzw. Unterforderung bedarf im Zusammenhang mit der Bekämpfung von Herz-Kreislauf-Erkrankungen, insbesondere der Infarkte, besonderer Beachtung. Herz-Kreislauf-Erkrankungen führen derzeit zu einem Ansteigen der Frühinvalidisierungsquote und in einigen Industriestaaten sogar zu einer rückläufigen Lebenserwartung bei Männern.

So hat sich in England und Wales für Männer zwischen 35 und 44 Jahren in den letzten zwei Jahrzehnten die Sterblichkeitsziffer verdoppelt. 41 % aller Todesfälle dieser Altersgruppe gehen auf Herz-Kreislauf-Erkrankungen zurück. In der BRD scheiden mehr als die Hälfte der Berufstätigen vorzeitig aus dem Berufsleben aus, ein wachsender Anteil davon durch Frühinvalidisierung wegen Herz-Kreislauf-Erkrankungen.

Bei etwa 8 Millionen Arbeitsplätzen fallen trotz umfassender arbeitsmedizinischer Vorkehrungen und einer Arbeitsplatzgarantie in der DDR jährlich etwa 18 Millionen Arbeitstage durch Herz-Kreislauf-Erkrankungen aus. Ischämische Herzkrankheiten bestimmen die Neuzugänge an Invalidenberentungen ausschlaggebend (LOMOW und WENDA 1981, BAMBERG und GREIF 1982, PETERMANN und GNEIST 1981).

Neben den Risikofaktoren aus der Ernährungsweise und aus dem Rauchen sowie aus Verhaltensmustern, die in der Persönlichkeitsstruktur verankert sind (Typ-A-Verhalten, vgl. Text 2), muß in die Vorbeugungsmaßnahmen auch die Arbeitsgestaltung im Sinne eines Vermeidens von psychonervalen Über- und Unterforderungen einbezogen sein. Dabei darf der zunehmende Bewegungsmangel als körperliche Unterforderung nicht übersehen werden. Nach medizinischen Schätzungen liegt in hochindustrialisierten Ländern ein Bewegungsmangel oder eine zu einseitige körperliche Beanspruchung im Zusammenhange mit Mechanisierung und Automatisierung bei 80 bis 90 % der Arbeitsplätze vor. Weitere arbeitsgestalterische Vorbeugungsmöglichkeiten betreffen das Einräumen von Freiheitsgraden für eigene Zielstellungen in der Arbeit (Selbstorganisation), damit den Ausschluß von Zeitdruck und von anderen nicht beeinflußbaren Zeitbeschränkungen, Rückmeldungen über eigene Ergebnisse im Sinne der Selbstkontrolle oder ein mögliches unterstützendes Zusammenarbeiten (RICHTER, SCHMIDT und MALESSA 1983).

Fehlbeanspruchung liegt im weiteren Sinne jedoch auch dort vor, wo das Befriedigen wesentlicher Bedürfnisse in der konkreten ausgeübten Arbeitstätigkeit unmöglich ist (in Tab. 5.1. als vermittelter Weg bezeichnet). Das betrifft insbesondere die Bedürfnisse nach gesellschaftlich sinnvoller Nutzung eigener Leistungsmöglichkeiten und zweckvoller sozialer Kooperation (vgl. dazu den Aspekt Persönlichkeitsförderlichkeit). Hinausgehend über die Beeinträchtigung des erlebten Wohlbefindens können daraus körperlich manifeste Befindensbeeinträchtigungen entstehen, die Krankheitswert besitzen und zur Arbeitsbefreiung führen. Beispielsweise ergab die Untersuchung von 5906 Werktätigen im Bezirk Schwerin (FRANK 1969): Mit steigender Verantwortung der Werktätigen für ihr Produkt sinkt der Krankenstand. Bei überwiegender Kontroll- und Prüftätigkeit betrug er 4,67 %, bei anleitender und aufsichtsführender Tätigkeit nur 2,57 %. Das Ursachen/Bedingungs- und Wirkungsgeflecht ist vielfältig: Neben dem befriedigenderen Arbeitsinhalt könnte an dem geringeren Krankenstand auch eine Tendenz zur Unterdrückung ernstzunehmender Beschwerden (Dissimulation) aufgrund übersteigerten Verantwortungsbewußtseins beteiligt sein. Es ist aber auch gesichert, daß in Kollektiven mit entwickelten sozialen Beziehungen einschließlich regelmäßiger wechselseitiger Hilfe psychonerval bedingte Gesundheitsstörungen wie Angina pectoris oder Ulcus duodeni unter sonst gleichen Bedingungen um das 3- bis 4fache reduziert sein können (HOUSE und WELLS 1977). In Kollektiven mit hochentwickelten sozialen Beziehungen liegt der Krankenstand mit 4,88 % unter dem der produktiven Bereiche insgesamt mit 5,32 % (FRANK 1969). Durch Arbeitsteilung und -kombination können sowohl bewältigbare Verantwortungsbereiche wie Grundlagen für die Kooperation und dabei die kollektive Entwicklung geschaffen werden. Also handelt es sich auch bei den krankenstandsbeeinflussenden sozialen Bedingungen durchaus um arbeitsgestalterisch überarbeitbare Lösungen.

Neben der tatsächlichen Erleichterung der Arbeit durch die Hilfe, indem ein anderer etwa Teilaufgaben übernimmt oder ein rationelleres Ausführen lehrt, ist bereits die Gewißheit, im Bedarfsfalle Hilfe erhalten zu können, emotional und damit aktivierungsmäßig im Sinne eines Puffers wirksam. Die erwartete Belastung ist nämlich in diesem Falle geringer, die Aktivierung also mit einer geringeren Wahrscheinlichkeit überzogen, und die zu erwartende Hilfe befriedigt darüber hinaus ein Bedürfnis nach sozialer Geborgenheit (UDRIS 1982).

Somit gehört zur Bewertung von Schädigungslosigkeit arbeitsgestalterischer Lösungen die Frage nach psychonervalen Fehlbeanspruchungen durch Über- bzw. Unterforderung und nach dem Nichtbefriedigen arbeitsbezogener Bedürfnisse als möglichen Krankenstandsursachen. Dieses Bewerten ist im Falle der korrigierenden Gestaltung mittels statistischer Analyse der gegebenen Krankenstandsdaten möglich. Beim projektierenden Gestalten können derartige Daten bereits bestehender vergleichbarer Arbeitsaufgaben und Werktätigengruppen herangezogen werden.

5.4. Beispiele für den Hinweischarakter allgemeiner Gesundheits- einschließlich Befindensbeeinträchtigungen auf Mängel der Arbeitsgestaltung

Verdeutlichen wir die Bedeutung der allgemeinen Morbidität, insbesondere psychischer bzw. psychisch ausgelöster körperlicher Störungen sowie der Befindensbeeinträchtigung mit der Folge von Medikamentennutzung, für die Bewertung der Güte der Arbeitsgestaltung näher an Beispielen unter Bezug auf die Kategorien 1—7 in Tab. 5.1. Dabei gilt es zu erkennen, daß Schädigungslosigkeit eingeschränkt sein oder fehlen kann, ohne daß Verstöße gegen bisher gültige Grenzwerte, arbeitshygienische Normative, Arbeits- und Brandschutzanordnungen oder technische Normen (TGL, GOST, DIN usw.) vorliegen müssen.

Zu 1: Unspezifisch erhöhte Arbeitsunfähigkeit auf Grund von Arbeitsumgebungsbedingungen

Durch den Produktionsprozeß bedingte Beimengungen zur Atemluft — wie CS_2 und H_2S in der Kunstfaserindustrie oder CO bei Kraftfahrzeugschlossern — können auch zu einer erhöhten allgemeinen Morbidität mit Arbeitsbefreiung statistisch gehäuft dann führen, wenn die vorliegenden Konzentrationen die MAK-Werte noch nicht übersteigen und wenn noch keine Gründe für eine Anerkennung als Berufskrankheit vorliegen. Daran kann unter anderem ein ungünstiges Zusammentreffen mehrerer belastender Arbeitsbedingungen ursächlich beteiligt sein.

Die gesundheitlichen Wirkungen schleichen sich gleichsam in für diese Arbeitsbedingungen unspezifische Erkrankungen ein und verlängern deren Arbeitsunfähigkeitsdauer durch eine verlangsamte Rekonvaleszenz.

Zu 2: Befindens- und Leistungsbeeinträchtigungen auf Grund von Arbeitsumgebungsbedingungen

— CO-Imissionen unterhalb des MAK-Wertes können Veränderungen im Bereich psychomotorischer und kognitiver Leistungen bewirken. Das Befinden und die Arbeitsproduktivität werden verschlechtert

(LÜDERITZ 1972, MEISTER u. a. 1979, SCHNEIDER und SEEBER 1979).
— Lärm unterhalb des zulässigen Pegels (TGL 10687, DIN 45641) beeinträchtigt nicht nur das Wohlbefinden, sondern verringert die Leistung. Bei **Baggerfahrern** konnte RENTZSCH (1974) Leistungsminderungen und mithin Leistungsverluste statistisch gesichert nachweisen.
— Bei Arbeit unter Hitze nehmen die Fehler zu und die Bearbeitungszeit komplizierter Tätigkeitsabschnitte verlängert sich, während sie bei einfachen unverändert bleibt (PRESCHER 1981).

Zu 3: Medikamentenverbrauch aufgrund von Arbeitsumgebungsbedingungen

Der Umfang der Befindensbeeinträchtigungen durch Lärm, die zunächst weder als Berufserkrankung noch als Arbeitsunfähigkeit nachweisbar sein müssen, zeigt sich unter anderem in der Konsultation medizinischer Einrichtungen mit der Bitte um Medikamente. Arbeiter aus einer Lärmabteilung mit 95—100 dB und mit überdies unzureichender Beleuchtung bei hohen Genauigkeitsanforderungen konsultierten das Betriebsambulatorium wegen Kopfschmerzen 9mal so häufig und wegen Magenbeschwerden 8mal so häufig wie Angestellte einer lärmfreien Verwaltungsabteilung (MEYER 1965). Die lärmexponierten Arbeiter verbrauchten zugleich 9mal mehr Kopfschmerztabletten im untersuchten Zeitraum eines halben Jahres wie sonst vergleichbare Angestelltengruppen aus lärmfreien Abteilungen.

Besonderes Interesse für das korrigierende und projektierende Gestalten von Arbeitstätigkeiten haben Beziehungen zwischen arbeitstätigkeitsspezifischen Bedingungen, insbesondere den Tätigkeitsanforderungen, und Gesundheit einschließlich Wohlbefinden:

Zu 4: Arbeitsunfähigkeit in direktem Zusammenhang mit arbeitstätigkeitsspezifischen Bedingungen

In repräsentativen Untersuchungen in 14 Industriezweigen der DDR ließen sich krankhafte Befunde an den Atemorganen der Dauer der Beschäftigung unter gesundheitsschädigenden arbeitstätigkeitsspezifischen Bedingungen zuordnen (s. Abb. 5.2.).

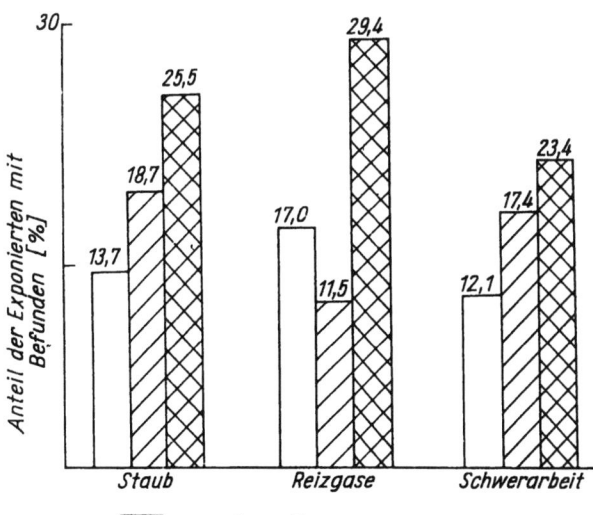

Abb. 5.2.: Krankhafte Befunde (Gesundheitsstufen 2—4) an Atmungsorganen bei unterschiedlicher Dauer der Exposition gegenüber Staub, Reizgasen und körperlicher Schwerarbeit als Prozentsatz jeder Expositionsgruppe ($n = 9556$) (nach ENDERLEIN u. a. 1975).

Bei einer Untersuchung von 4000 Berliner Arbeitern fanden sich 150 mit Angina pectoris. Die Mehrzahl dieser Arbeiter verrichtet Fließbandarbeit (KREIBICH, KRITSIKIS und EITNER 1968). Zeitweilige Arbeitsunfähigkeit tritt als Folge auf.

Zu 5: Arbeitsunfähigkeit in vermitteltem Zusammenhang mit arbeitstätigkeitsspezifischen Bedingungen

— Bei Jugendlichen in Baubetrieben korreliert die Zufriedenheit mit der Arbeitsaufgabe nicht nur mit der Leistung, sondern auch mit dem Anteil gehäuft Erkrankter (EHRICH 1970, Tab. 5.3a und b). Ebenso ist bei erwachsenen Montagearbeitern in einem feinmechanischen Betrieb Unzufriedenheit mit der Arbeitstätigkeit mit erhöhtem Krankenstand verbunden (M. RICHTER 1978). Auch bei einer Untersuchung von Bauarbeitern korreliert das gesundheitliche Befinden am stärksten mit der

Tab. 5.3a: *Arbeitszufriedenheit und Gesamtleistung von Jugendlichen in Baubetrieben*
(EHRICH 1970) $C_{korr} = 0,292; p = 1\%$

Arbeit gefällt	Gesamtleistung			N
	sehr gut/gut	genügend	mangelhaft/schlecht	
Sehr gut/gut	46%	35	14	162
Einigermaßen	27	43	21	99
Schlecht	18	29	29	17

Berufs- und Arbeitszufriedenheit (WIESNER-BALCKE und ENDERLEIN 1975, Abb. 5.3.). Entscheidend ist, daß die Arbeitszufriedenheit in starkem Maße abhängig ist vom Arbeitsinhalt, also dem fordernden und fördernden Ausmaß der Inanspruchnahme der Befähigung. Daher bestehen Beziehungen zwischen Arbeitsinhalt und Krankenstand:

Tab. 5.3b: *Arbeitszufriedenheit und Anteil gehäuft erkrankter Jugendlicher in Baubetrieben* (EHRICH 1970)
$C_{korr} = 0,278; p = 1\%$

Arbeit gefällt	Prozentanteil häufig ($\geq$ 6mal) Kranker	N
Gut/sehr gut	4%	162
Einigermaßen	10%	99
Schlecht	24%	17

— Der Krankenstand ist bei unterforderndem Arbeitsinhalt signifikant erhöht gegenüber fordernden Arbeitsinhalten (vgl. Tab. 5.4.). Einen entsprechenden Zusammenhang zwischen dem Erleben beruflicher Überforderung und der Krankenstandsrate fanden MARGALIS, KROES und QUINN (1974). In die gleiche Richtung weist der signifikante Zusammenhang ($r = 0,32$) zwischen Ermüdungserleben und Häufigkeit der Arbeitsunfähigkeit (PLATH und RICHTER 1978). Signifikant arbeitsbedingt erhöhter Krankenstand schließt streng genommen die Bewertung der Arbeitsgestaltung als schädigungslos aus, weil arbeitsbedingte Gesundheitsschäden gerade nicht mit Sicherheit ausgeschlossen sind.
— In einem hochautomatisierten Chemiebetrieb wurden zwei nach soziologischen und personalen Daten (Geschlecht, Alter, Betriebsalter, Kinderzahl, Lohngruppe, Schichtarbeit, Diagnoseverteilung) vergleichbar gemachte Gruppen von Werktätigen hinsichtlich des Krankenstands verglichen. Die beiden Gruppen A und B führen Aufgaben mit unterschiedlichem Arbeitsinhalt aus:
— Gruppe A erfüllt kurzfristig wiederkehrende identische Anforderungen,
— Gruppe B erfüllt ein vielfältigeres Aufgabenprofil.

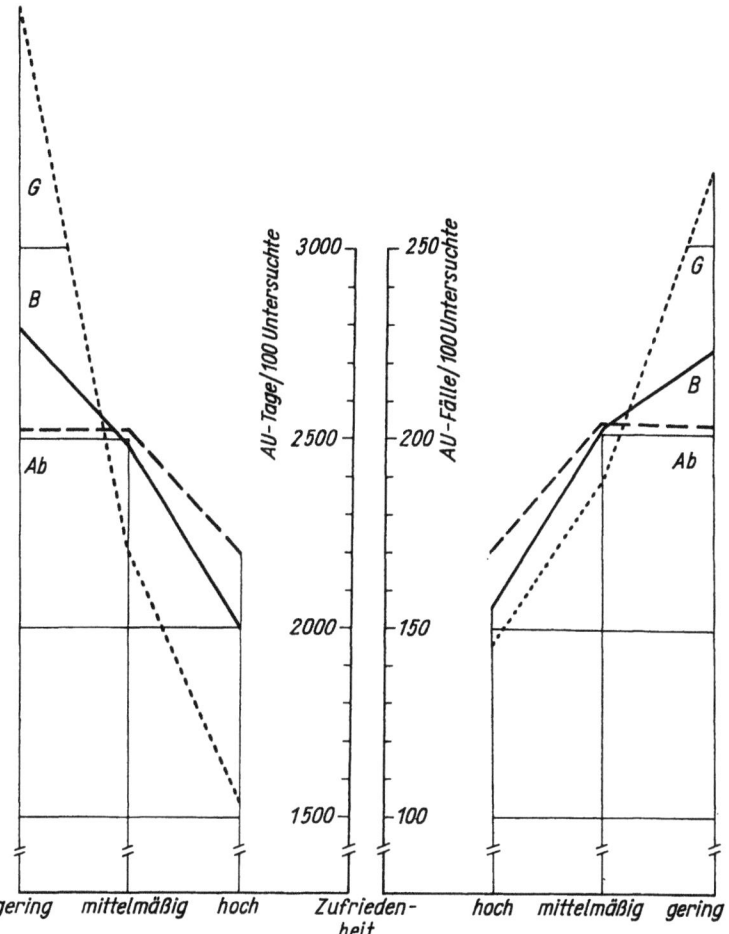

Abb. 5.3.: Zusammenhang zwischen Gesundheitszufriedenheit (G), Berufszufriedenheit (B) sowie Zufriedenheit mit den Arbeitsbedingungen (Ab) und den AU-Tagen und AU-Fällen/100 Untersuchte (WIESNER-BALCKE und ENDERLEIN 1975).

Tab. 5.4.: *Anteil der in einer Lohngruppe beschäftigten Produktionsarbeiter ohne bzw. mit gehäufter Erkrankung bei Montagetätigkeiten in einem feinmechanischen Betrieb* (M. RICHTER 1978) *(Angaben in %)*

Erkrankungs-häufigkeit	Lohngruppen 2/3	4	5	6	7	8
0mal	21,6	12,2	25,7	**13,5**	**17,6**	**9,4**
≧ 5mal	**31,5**	**16,7**	**28,4**	10,7	7,8	4,9

Die Lohngruppen bilden hierbei durch die Auswahl der zugeordneten Tätigkeiten eine Staffelung nach dem Arbeitsinhalt (untere Lohngruppen vorwiegend Bandarbeit; obere Lohngruppen vorwiegend komplexe Montagearbeit). Die Personengruppen sind hinsichtlich personeller (Alter, Geschlecht) und soziologischer Faktoren homogen, also vergleichbar.

Der arbeitsbedingte Entwicklungsstand der beiden Gruppen hinsichtlich sozialer Integration ist unterschiedlich. Bei Gruppe B sind die Kommunikationsbereitschaft, der Zusammenhalt der Gruppenmitglieder, der Einbezug der Mitglieder in das Kollektiv und dessen Gliederung besser entwickelt. Der Krankenstand und die Fluktuation im Kollektiv mit dem vielfältigeren und kooperationsbegünstigenden Aufgabenprofil sind wesentlich niedriger (Tab. 5.5.). Die statistisch signifikante arbeitsbedingte Erhöhung des Krankenstands in diesem Beispiel stellt die Bewertung der vorliegenden Arbeitsgestaltungslösung als schädigungslos in Frage (SCHWIERZ 1977).

Tab. 5.5.: *Krankenstand und Arbeitsinhalt in einem hochautomatisierten Chemiebetrieb* (SCHWIERZ 1977)

Merkmale des Krankenstands	Abteilung A: einseitige, elementare Anforderungen	Abteilung B: vielseitige Anforderungen
Jahresdurchschnitt der Abteilung	12,13 %	7,82 %
durchschnittliche AU-Dauer/Person	26,67 Tage	16,00 Tage
durchschnittliche AU-Häufigkeit/Person	2,97	1,59

Die Personengruppen sind nach personellen und soziologischen Gesichtspunkten homogen.

Zu 6 und 7: Befindensbeeinträchtigungen und Medikamentenverbrauch im Zusammenhang mit arbeitstätigkeitsspezifischen Bedingunge

Befindensbeeinträchtigungen, in der Regel verknüpft mit erhöhtem Verbrauch von Medikamenten — insbesondere von Schlafmitteln und Psychopharmaka — als Anzeichen für unzureichend gestaltete arbeitstätigkeitsspezifische Bedingungen finden sich statistisch gehäuft bei psychischer Fehlbeanspruchung in Form von Unter- bzw. Überforderung. Sie bilden einen Übergang zum Bewertungsaspekt „Beeinträchtigungslosigkeit". Beziehungen zum Schädigungsaspekt bestehen hierbei durch die mit erhöhtem und anhaltendem Medikamentenverbrauch verknüpften Gesundheitsgefährdungen.

5.5. Psychologische Erklärungsmöglichkeiten des Zusammenhangs von Arbeitsinhalt und allgemeinem Krankenstand

Wie kann ein möglicher Zusammenhang zwischen dem allgemeinen Krankenstand und dem Arbeitsinhalt, also den Freiheitsgraden und der Vielfalt psychischer Arbeitsanforderungen, erklärt werden?

a) In vielen Fällen muß zunächst eine wenigstens teilweise Erklärung durch mehrere für den Krankenstand relevante Kovariable der Anforderungskomplexität berücksichtigt werden. Derartige Kovariable sind insbesondere die körperliche Schwere und Einförmigkeit, Lebensalter, familiäre Belastung und damit außerberufliche Reproduktionsmöglichkeiten, gesundheitliche Vorgeschichte und Geschlecht. Einige Untersuchungen zeigen aber auch nach Ausschluß derartiger Kovariablen noch signifikante Zusammenhänge.

b) In diesen Fällen von einem „unechten" Krankenstand zu sprechen hieße, bei den Erscheinungen stehenzubleiben und das Wesen von Gesundheit im Sinne der Definition der Weltgesundheitsorganisation — also als vollständiges körperliches, geistiges und soziales Wohlbefinden — zu verfehlen: Vereitelung der Befriedigung des Bedürfnisses nach dem Verwirklichen von Handlungskompetenz nimmt über Gesetzmäßigkeiten der höheren Nerventätigkeit, speziell der kortiko-viszeralen Beziehungen und über kognitive Stellungnahmen und Bewertungen („Attribuierungen") Einfluß auf Körpervorgänge und Befinden.

Der Begriff „Handlungskompetenz" bezeichnet die Gesamtheit der Voraussetzungen eines Menschen zu erfolgreichem, vollständigem und vorausschauendem Bewältigen von Aufgaben.
„Kortiko-viszerale Beziehungen" sind die unbedingt-reflektorischen und bedingt-reflektorischen nervalen und neuroendokrinen Beziehungen zwischen zumeist bewußt regulierten, von der Großhirnrinde realisierten, und innerorganismischen, zumeist nicht bewußt regulierten Vorgängen, speziell im Verdauungs- und im Herz-Kreislauf-System.

Im einzelnen: Psychische Eigenschaften, hier interessieren insbesondere Fähigkeiten, werden durch Lernvorgänge erworben. Sie dienen der Regulation des Handelns und schaffen Handlungskompetenz. Das Verfügen über Fähigkeiten schafft zugleich ein Bedürfnis zu ihrer erfolgreichen Anwendung als Grundlage der Bestätigung der eigenen Persönlichkeitswerte. Weitere derartige Bedürfnisse sind das Bedürfnis nach sozialer

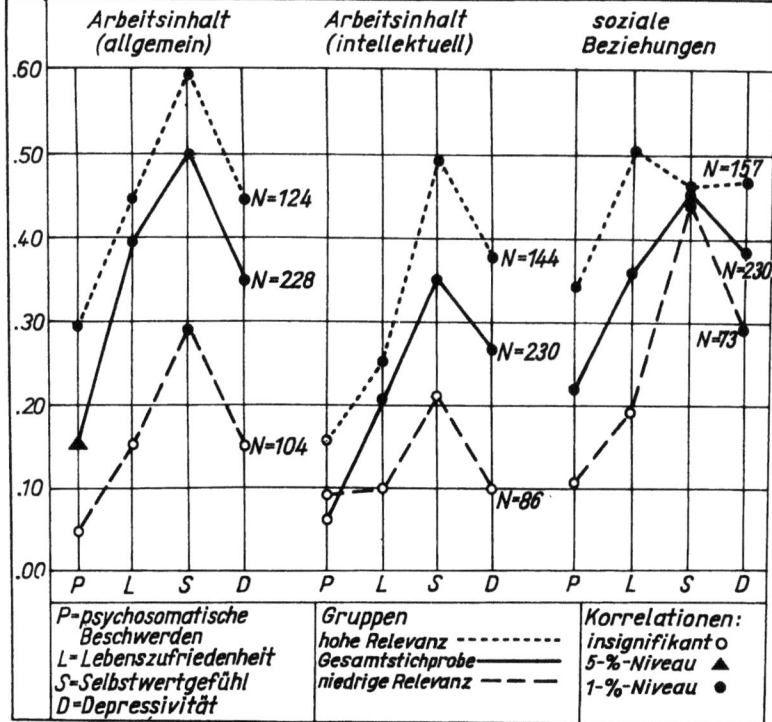

Abb. 5.4.: Korrelation von Befinden (psychosomatischen Beschwerden), Zufriedenheit, Selbstwertbewußtsein und Grundstimmungen (Depressivität) mit Arbeitsinhalt und arbeitsbedingten sozialen Beziehungen in Abhängigkeit von deren Lebensbedeutsamkeit (MARSTEDT und SCHAHN 1977).

Geborgenheit in einer arbeitsbezogenen Gruppe und das nach Möglichkeiten, sich als wesentliches Mitglied von Gruppen, im weitesten Sinne der eigenen Gesellschaft, durch erkennbare Leistungen zu erweisen (STOLLBERG 1975). Die Unmöglichkeit zur subjektiv ausreichenden Befriedigung dieser Bedürfnisse gegenüber Arbeitsaufgaben kann psychonervale Vorgänge auslösen, die bis zur Arbeitsunfähigkeit führen.

Damit hängt zusammen, daß das Ausmaß psychischer Störungen um so ausgeprägter ist, je bedeutsamer ein förderlicher Arbeitsinhalt einschließlich befriedigender sozialer Beziehungen subjektiv als Bedürfnis erlebt wird (vgl. Abb. 5.4.).

Bedürfnisse wirken — wie auch Persönlichkeitseigenschaften und Arbeitsstile — als sogenannte Moderatorvariable in der Beziehung zwischen arbeitstätigkeitsspezifischen Bedingungen und Gesundheitsstörungen. „Sofern ... die Arbeitstätigkeit selbst oder die Kommunikation noch als Bedürfnis bewußt ist, wirken sich ungünstige, restriktive Bedingungen ... wesentlich eindeutiger und nachhaltiger auf die Entstehung psychischer Störungen aus. Sofern andererseits diese Aspekte der Arbeitssituation als eher unwichtig dargestellt werden, ist auch bei einem hohen Ausmaß an Restriktivität nur ein relativ niedriger Zusammenhang zu psychischen Störungen feststellbar" (MARSTEDT und SCHAHN 1977, S. 7).

Es ist also entscheidend, daß die objektiven belastenden Anforderungen nicht nur an sich, sondern auch „gebrochen" an der jeweiligen individuellen Wahrnehmung und Bewertung, darunter den sogenannten Attribuierungen, zu psychonervalen Störungen führen können.

Des weiteren ist das Entstehen psychonervaler Störungen aus zunächst belanglosen Befindungsbeeinträchtigungen im Rahmen normaler Schwankungen um so wahrscheinlicher, je geringere Bewältigungsmöglichkeiten für die als unzureichend erlebte Situation gesehen und je weniger Information über den Effekt möglicher Bewältigungsversuche erzielbar ist.

Diese als unzureichend erlebten Bewältigungsmöglichkeiten beziehen sich sowohl auf Bewältigungsversuche im Arbeitsprozeß selbst als auch auf Reproduktionsversuche im familiären oder sonstigen Freizeitbereich. Beeinträchtigungen der Kompensation der arbeitsbedingten Belastungen in der Freizeit können als zusätzliche, soziale Belastungsquellen erlebt werden und das Entstehen psychonervaler Störungen unterstützen (z. B. ULICH und ULICH 1977).

Je mehr Bewältigungsversuche unternommen würden und je weniger davon gelingen (negative Bekräftigung, Bestrafung im Sinne des Konditionierungslernens), desto größer ist die Entstehungswahrscheinlichkeit psychonervaler Störungen.

Gelingt die Bewältigung einer als unbefriedigend erlebten Arbeitssituation nicht, kann es zum Abbruch des Arbeitsrechtsverhältnisses, zur Fluktuation, kommen. Wie HOENE (1976) zeigen konnte, geht diesem Zeitpunkt eine Phase erhöhter Labilität voraus, die das Unfallrisiko beträchtlich gegenüber den vorangegangenen Arbeitsjahren erhöht (Abb. 5.5.).

Dabei geht es nicht in ausschlaggebendem Umfang darum, daß aufgrund des Unbefriedigtseins eine Krankheit bewußt vorgespiegelt oder im Sinne eines Selbstbetrugs eingebildet wird. Vielmehr liegen objektiv-reale, „wahre" körperliche Vorgänge auf der Grundlage bedingt-reflektorischer kortiko-viszeraler Verbindungen (BYKOW 1953) vor, die aus dem Einfluß gesellschaftlicher Existenzbedingungen auf biologische Gesetzmäßigkeiten erklärbar sind:

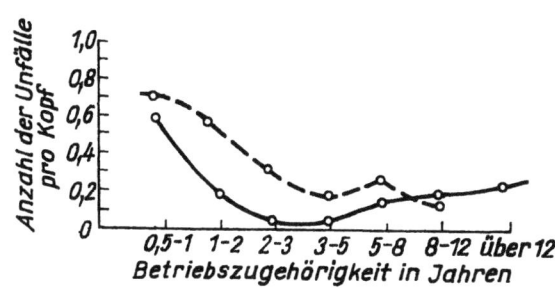

Abb. 5.5.: Beziehung zwischen Unfallhäufigkeit und Fluktuationstendenz (HOENE 1976).
———— durchschnittliche Anzahl der Unfälle pro Kopf während der gesamten Zeit der Betriebszugehörigkeit außer den letzten sechs Monaten vor dem Ausscheiden aus dem Betrieb, bezogen auf den Zeitraum eines halben Jahres; – – – – – durchschnittliche Anzahl der Unfälle pro Kopf in den letzten sechs Monaten vor dem Ausscheiden aus dem Betrieb.

Bekanntlich sind Reize des sogenannten zweiten Signalsystems, also sprachliche Einflüsse wie Fremd- und Selbstinstruktionen oder „innere Dialoge", wirksamer als die des ersten, also als die Reize selbst.

Beim Erleben von als unangenehm bewerteten Situationen, z. B. bei einer vereitelten Bedürfnisbefriedigung oder bei fehlender individueller oder kollektiver bzw. partizipativer Durchschaubarkeit, Vorhersehbarkeit und Beeinflußbarkeit von Anforderungen, kann eine Zuwendung zu zunächst wenig bedeutsamen körperlichen Sensationen oder sogar ein Suchen nach solchen einsetzen. Eine derartige — durch inneres Sprechen, z. B. durch die sprachliche Fixierung, unterstützte — Zuwendung zum eigenen Erleben sensibilisiert (verstärkt im Sinne des operanten Konditionierens). Dies ist bei vegetativ labilen Personen mit gesteigerter Erregbarkeit, „Nervosität" (erhöhtem Neurotizismusgrad) eher der Fall als bei stabilen (RICHTER 1978). Im Extremfall kann die Zuwendung hypochondrisch mit Sorge um die Gesundheit oder gar mit Angst vor Krankheit verknüpft sein und so ein Aufschaukeln der Symptome bewirken. Die subjektive Erwünschtheit körperlicher Sensationen wirkt als autosuggestive Bekräftigung dieser Sensationen nach den erwähnten Gesetzmäßigkeiten interozeptiv-exterozeptiver, kortikoviszeraler bedingter Verbindungen. Die Voraussetzung dieser sensibilisierenden und verstärkenden Wirkungen ist die Gültigkeit einer gesellschaftlichen Konvention, nach der Beschwerden von der unbefriedigenden Arbeit entbinden. Diese Bedingung ist erfüllt und ihre Nutzbarkeit wird mit dem Ausbau der Sozialmaßnahmen weiter erleichtert. Diese Arbeitsbefreiung kann so als Bekräftigung des bedingt-reflektorischen, objektiven Vorgangs wirken: Mit der Arbeitsunfähigkeit wird vermeintlich „Krankheit" gesellschaftlich bescheinigt.

Der gleiche Mechanismus hat auch die umgekehrte Wirkungsrichtung. Negative körperliche Sensationen (als Meldungen des „ersten Signalsystems") können von Selbstinstruktionen im inneren Sprechen (einem Vorgang im „zweiten Signalsystem") zurückgedrängt werden, die aus der Realisierbarkeit von Handlungskompetenz, z. B. aus dem verpflichtenden oder sogar Freude machenden Arbeitsinhalt, aus Hilfe und sozialer Geborgenheit oder erlebter Kollegialität entstehen und ein Verbleiben in der Arbeitstätigkeit trotz einer Indisposition motivieren. Sieht man von Sensationen ab, die Vorsignale ernster Erkrankung sind, so kann diese Wirkungsrichtung der kortiko-viszeralen Beziehungen das Wohlbefinden steigern, also zur angestrebten Gesundheitsförderung beitragen.

Das Entstehen von Erkrankungen aus emotionalen oder sogar affektiven Reaktionen wie Unzufriedenheit in der Arbeit, Gespanntheit, beeinträchtigtem Selbstgefühl, Depressivität und Angst sowie aus gestörten Erholungsmöglichkeiten und deren verstärkender emotionaler Bewertung ist ein langer und vielschichtiger Vorgang. Zunächst sind Herzfrequenz und Blutdruck sowie die Ausschüttung von Adrenalin, Noradrenalin, Kortisol und weitere neuroendokrine Reaktionen kurzzeitig erhöht. Die Gefahr einer Krankheitsentstehung wächst mit der Ausdehnung und der Verfestigung dieser normalen Reaktionen zu langzeitig anhaltenden Antwortmustern des Organismus und damit ihrer relativen Verselbständigung von den ursprünglich auslösenden Anforderungen.

Zwei neuroendokrine Teilsysteme haben in diesem Zusammenhange eine besondere Bedeutung: Ein vorwiegend medulläres Teilsystem, welches mit der Sekretion von Adrenalin und Noradrenalin im Zusammenhange stehen soll, und ein kortikales Teilsystem, das mit der Sekretion von Glukokortikoiden (z. B. Kortisol) im Zusammenhang steht. Diese Hormone haben eine Schlüsselrolle in der Regulation wichtiger Körperfunktionen, sind empfindliche Indikatoren der Beanspruchung durch die Regulation der Person-Umwelt-Auseinandersetzung sowie Vermittler von Reaktionen, die zu krankhaften Zuständen führen können.

Die Ausschüttung u. a. von Adrenalin, Noradrenalin und Kortisol steigt mit dem Ausmaß der Beanspruchung. Menschen, die zum Erfüllen einer Aufgabe eine höhere Anstrengung aufbringen als andere, haben höhere einschlägige Hormonspiegel. Diese Spiegel sind demnach ein Indikator der organismischen Leistungskosten.

Die Hormonausschüttung steigt des weiteren mit abnehmender Durchschaubarkeit, Vorhersehbarkeit und Beeinflußbarkeit. Das erwähnte kortikale Teilsystem reagiert in einer spezifischen Weise auf Freiheitsgrade oder die sogenannte Kontrolle: Während fehlende Freiheitsgrade ein Ansteigen der Ausscheidung weit über die Durchschnittswerte bewirken, können ausgeprägte Freiheitsgrade mit Vorhersehbarkeit und Durchschaubarkeit der Anforderungen die Ausscheidung im Normalbereich erhalten oder sogar unter die Durchschnittswerte senken.

So kann bei einem hohen, aber erfolgsgewissen Einsatz für eine Aufgabe im Falle vollständiger Vorhersehbarkeit und Beeinflußbarkeit aufgrund der vorhandenen Freiheitsgrade eine gegensätzliche Reaktion der beiden neuroendokrinen Teilsysteme entstehen: Die Adrenalin- und Noradrenalinausscheidung steigt, während die Kortisolausscheidung unter den Durchschnittswert fällt.

Die wahrgenommenen und bewerteten Tätigkeitsmerkmale führen also zu qualitativ unterschiedlichen neurohumoralen Reaktionsmustern. Dabei ist zu beachten, daß diese neuroendokimen Reaktionen auf Arbeitsanforderungen nicht Antworten unmittelbar auf objektive Merkmale sind, sondern Antworten des Organismus auf deren kognitive und emotionale Bewertung.

Zwischen der erhöhten Sekretion und der Entstehung von Krankheiten sind bisher zwar keine kausalen, aber doch Wahrscheinlichkeitsbeziehungen bekannt. Die erhöhte belastungsbedingte Ausscheidung bildet sich nämlich mit wachsender Belastung zunehmend langsamer zurück und wirkt auf diese Weise auch in der für die Erholung vorgesehenen Freizeit nach. Eben dieser verlängerten Ausscheidungszeit wird eine krankheitserzeugende Wirkung beigemessen.

Verschiedene Anforderungssituationen und verschiedene Menschen unterscheiden sich in der Geschwindigkeit der Rückstellung von erhöhten Hormonausscheidungen auf die Ruhewerte. Eine verlangsamte Rückstellung bedeutet eine unökonomische, überschießende Reaktion mit einer unnötigen Verausgabung organismischer Reserven. Sie tritt gehäuft bei Menschen mit hohem Neurotizismusgrad auf; diese ermüden schneller, zeigen erhöhte Nervosität und schlechtere Leistungen (FRANKENHEUSER 1978).

Insgesamt ist mit Hilfe von lerntheoretischen Erkenntnissen der Physiologie der höheren Nerventätigkeit (vgl. PAWLOW 1953, BYKOW 1953, PICKENHAIN 1959), des „Modell-Lernens" (Vorbildübernahme) und der „kognitiven Umstrukturierung" (Erlernen neuer Bewertungen) der Zusammenhang auch zwischen psychischen Fehlanforderungen im Arbeitsprozeß und dem *allgemeinen* Krankenstand so hinreichend aufgeklärt, daß sein Einbeziehen in die Bewertung arbeitsgestalterischer Lösungen sowohl ökonomisch nützlich als auch gesellschaftspolitisch bedeutsam ist.

6. Psychologische Bewertung der Beeinträchtigungslosigkeit von Arbeitstätigkeiten

6.1. Formen arbeitsbedingter Beeinträchtigungen

Arbeitsgestalterische Lösungen können die Regulation von Arbeitstätigkeiten beeinträchtigen. Diese Beeinträchtigungen müssen noch nicht zu Gesundheitsstörungen führen. Träfe dies zu, so würden sie bereits auf der Ebene „Schädigungslosigkeit" auffällig. Beeinträchtigungen entstehen durch geringgradige bzw. kurzfristige Fehlbeanspruchungen der Leistungsvoraussetzungen, die wiederum vorliegen können als

— qualitative bzw. quantitative Überforderung,
— qualitative, vereinseitigende bzw. quantitative Unterforderung,
— Kombination von Unter- mit Überforderung in unterschiedlichen Bereichen von Tätigkeitsanforderungen

Quantitative Überforderung entsteht durch zu hohe mengenmäßige Anforderungen pro Zeiteinheit und damit zu kurze Ausführungszeiten; im Extremfalle führt sie zu dem häufigsten Stressor, nämlich zum Zeitdruck.

Qualitative Überforderung entsteht durch zu komplexe bzw. zu komplizierte Anforderungen, ohne daß dabei Zeitmangel vorliegen muß; Hinweise auf mögliche Quellen qualitativer Überforderungen geben die psychomotorischen und kognitiven Ausführbarkeitsgrenzen (vgl. hierzu Abschnitt 4.2.).

Qualitative Unterforderung entsteht beim Auftreten zu einfacher Anforderungen, die beinahe gänzlich psychisch automatisiert sind, d. h. ohne bewußte Regulationserfordernisse ablaufen (meist vom Typ der sogenannten unvollständigen oder partialisierten Handlungen; vgl. hierzu Allgemeine Arbeits- und Ingenieurpsychologie).

Quantitative Unterforderung entsteht durch zu seltenes Auftreten von Anforderungen überhaupt. Dieser bei Überwachungstätigkeiten mit seltener Eingriffserfordernis und Daueraufmerksamkeitsforderungen häufige Zustand führt zu der sogenannten Überforderung durch Unterforderung (ULICH 1960).

Unter- bzw. Überforderung sind relationale Begriffe, d. h., die bezeichneten Sachverhalte ergeben sich aus bestimmten Verhältnissen von Anforderungen und individuellen Leistungsvoraussetzungen.

Auch aus psychologischer Sicht müssen dabei die möglichen Beeinträchtigungen und Gefahren durch körperliche Unterforderung betont werden. Wir erwähnten Schätzungen, die davon sprechen, daß in hochindustrialisierten Ländern 80 bis 90% der Arbeitsplätze körperlich einseitig fordern bzw. körperlich generell unterfordern. Neben den gut bekannten körperlichen gesundheitlichen Nachteilen von Bewegungsmangel sind auch in psychischer Hinsicht mögliche Nachteile durch die herabgesetzte muskulär bedingte zentralnervöse Aktivierung und durch das Ausbleiben der neuroendokrin vermittelten stimmungsverbessernden Wirkungen von ausreichenden Bewegungen des gesamten Körpers ohne Überbeanspruchung zu berücksichtigen.

Alle diese Fehlbeanspruchungen äußern sich als Destabilisierung der Tätigkeitsregulation (STRAUB 1968, NITSCH 1972).

Tätigkeiten werden bekanntlich auf mehreren hierarchisch organisierten Ebenen unbewußter, nur physiologisch beschreibbarer, und bewußter, auch psychologisch kennzeichenbarer Vorgänge reguliert. Bei den letzteren kann akzentuierend die motivationale Antriebsregulation von der kognitiven Orientierungs- einschließlich Ausführungsregulation unterschieden werden. Daher müssen arbeitsbedingte Beeinträchtigungen der Tätigkeitsregulation gleichzeitig hinsichtlich dieser Vorgänge analysiert werden. Dies gilt auch wegen vorliegender Wechselwirkungen: Erlebte Beeinträchtigungen, sogenannte Befindens- und Eigenzustandsbeeinträchtigungen, sind nicht nur *Folgen* von Tätigkeiten. Vielmehr verändern sie regulierend die weitere Tätigkeit und dabei den Leistungsverlauf und psychophysiologisch beschreibbare aktuelle Leistungsvoraussetzungen.

Einen ersten zu berücksichtigenden Sachverhalt benannte der Gesundheitsbegriff der Weltgesundheitsorganisation. Er umfaßt neben dem körperlichen auch psychisches und soziales *Wohlbefinden*. Damit ist hervorgehoben, daß — ohne daß bereits Gesundheitsstörungen vorliegen müssen — das psychophysische Befinden beeinträchtigt sein kann.

Für das Bewerten der Beeinträchtigungslosigkeit soll dieser Gesundheitsbegriff eingeengt werden auf Befindensbeeinträchtigungen mit nachweisbaren vorübergehenden körperlichen Begleiterscheinungen ohne Krankheitswert. Mit diesen *vorübergehenden körperlichen Beeinträchtigungen* ist zugleich der zweite Aspekt zur Kennzeichnung arbeitsbedingt destabilisierter Tätigkeitsregulation benannt.

Der dritte Aspekt umfaßt *Leistungsminderungen* hinsichtlich Menge, Güte und Zuverlässigkeit (vgl. SCHINDLER und TIMPE 1979).

Wenn derartige Destabilisierungen durch Arbeitstätigkeiten und deren Ausführungsbedingungen verursacht sind, können sie zur Bewertung der Gestaltungsgüte herangezogen werden. Bewertungsrelevant sind regelhaft auftretende arbeitsbedingte Regulationsbeeinträchtigungen, weil sie
— als Befindensbeeinträchtigung in der Arbeitszeit — und von dieser ausstrahlend in die Freizeit — das Allgemeinbefinden oder Lebensgefühl der Werktätigen nachteilig verändern können,
— das Verhalten in Arbeitszeit und Freizeit (etwa durch Desinteresse an deren familiären, kulturellen, sportlichen oder politischen Aktivitäten) und dabei unter anderem auch direkt und indirekt (über Reproduktionsbeeinträchtigungen),
— die Produktivität der Arbeitstätigkeiten
erheblich mindern können (MEISSNER 1971, GARDELL 1978, SEMMER 1982).

Die in Arbeitstätigkeiten und ihren Ausführungsbedingungen gegebenen Verursachungen von Beeinträchtigungen sind vielfältig und mit Moderatorvariablen situativer und personeller Art verknüpft (vgl. COOPER und MARSHALL 1976). Wir erinnern an Qualifikationen und habituelle Persönlichkeitsmerkmale wie Verhaltensstile, die anhaltend selbst überfordern im Sinne des sogenannten Typ-A-Verhaltens. Daher ist es
— wie bei der Schädigungslosigkeit — zweckmäßiger, die Auswirkungen, hier die Beeinträchtigungen, zu bewerten. Die für Gestaltungszwecke zu verändernden Ursachen werden — klassifiziert nach den beiden Gruppen der unter- und der überfordernden Arbeitsbedingungen — später behandelt.

Da Destabilisierungen der Tätigkeitsregulation als Befindensbeeinträchtigungen erlebt werden, mit der Veränderung zentralnervös und neurovegetativ regulierter körperlicher Abläufe verbunden sind und sich als Verhaltensmodifikation einschließlich Leistungsstörungen äußern, sind sie in mehrfacher Weise objektivierbar sowie in jedem der drei Bereiche meßbar.

Arbeitsbedingte Destabilisierungen der Tätigkeitsregulation können für Bewertungszwecke geordnet werden in:
— Monotoniezustände[2],
— Ermüdung durch körperliche und geistige Arbeit,
— Streß, hier einengend verstanden als Reaktion auf als unannehmbar bis bedrohlich erlebte, konflikthafte Fehlbeanspruchungen aus
— drastischer Über- bzw. Unterforderung der Leistungsvoraussetzungen bzw.
— dem Infragestellen wesentlicher eigener Ziele einschließlich sogenannter Rollen.

Im Falle des Vorliegens von Streß gelingt den betroffenen Menschen weder ein Ausweichen vor den belastenden Umständen noch ein sie veränderndes Handeln hinreichend. Am augenfälligsten sind bei Streßreaktionen erregte, negative emotionale Spannungszustände bis hin zur Angst mit ihren nervalen und neuroendokrinen Begleitmerkmalen (LAZARUS 1966, FRENCH 1974, SCHULZ 1979, LEONTJEW 1979).

Eingehende Darstellungen dieser Sachverhalte, ihrer Verursachung, Ermittlung und Bekämpfung erfolgen im zweiten Text. Im Falle anhaltender und extremer Ausprägung können diese Beeinträchtigungen zu funktionellen psychonervalen Störungen vorzugsweise im Kreislauf- und Verdauungssystem führen, die als krankhafte Erscheinungen Verstöße gegen die Schädigungslosigkeit darstellen. Es bestehen also fließende Übergänge zwischen Verstößen gegen die Beeinträchtigungslosigkeit und die Schädigungslosigkeit (KASL 1978).

6.2. Stufen arbeitsbedingter Beeinträchtigungen

Beeinträchtigungslosigkeit kann im normativen Sinne gestuft werden nach dem Ausmaß der arbeitsbedingten Destabilisierung der Tätigkeitsregulation, welche die Zumutbarkeit einschränkt:

Nicht zumutbare Beeinträchtigungen (man beachte die späteren Erläuterungen zum Begriff „Zumutbarkeit") durch arbeitsgestalterische Lösungen liegen vor bei arbeitsbedingten
• psychischen Fehlbeanspruchungen im oben beschriebenen Sinne von Streß, auch wenn diese nur zeitweilig im Schichtverlauf auftreten, wegen der Gefahr des Entstehens funktioneller Störungen insbesondere am Herz-Kreislauf-System (vgl. Diagnosenummer 308 „akute Streßreaktion" der Internationalen Klassifikation der Krankheiten der WHO).

Diese Zustände sind, wie später zu zeigen ist, operationalisierbar durch
— Leistungsstörungen,
— psychophysiologische Disregulationen,
— Übergangssymptome zu Gesundheitsstörungen im engeren Sinne wie Schlafstörungen, Medikamentendauerverbrauch, psychosomatischen Störungen, letztere erfaßbar mit dem für die Differentialdiagnostik neurotischer Störungen entwickelten und hier sinngemäß nutzbaren Beschwerdenerfassungsverfahren (BFB HÖCK und HESS 1975; FBL FAHRENBERG 1975),

---

[2] Der psychische Sättigungszustand wird wegen seines gehäuft gemeinsamen Auftretens mit psychischer Ermüdung hier nicht getrennt aufgeführt (PLATH und RICHTER 1978).

— im Erlebensbereich durch das Ansprechen der Skala „Streß" des BMS-II-Verfahrens von PLATH und RICHTER (1978).[3]
• Täglich und während des überwiegenden Schichtanteiles stark ausgeprägten Monotoniezuständen als Ausdruck psychischer „Überforderung durch Unterforderung".

Diese Zustände sind operationalisierbar durch
— Leistungsstörungen aufgrund aktivierungsbedingt unzureichender psychischer Regulation (SCHMIDTKE 1975, ULICH 1960);
— psychophysiologische Disregulationen aufgrund herabgesetzter zentralnervöser Aktivierungszustände;
— Erleben von Langeweile und Eintönigkeit („Monotonie") und damit auch starkes Ansprechen der M-Skala im Falle des Einsetzens des BMS-Verfahrens;
• Ermüdungszustände, die zu funktionellen Störungen führen können, operationalisierbar durch:
— Verschlechterung von Leistungskennwerten während der Schicht, die auf anhaltende Störungen der psychischen Regulation zurückgehen;
— Verlust der Stabilität der psychophysiologischen Kennwerte (insbesondere Senkung der Herzfrequenz nach vorausgehender kurzzeitiger kompensatorischer Erhöhung);
— Erholung bis zum nächsten Schichtbeginn ist nicht durchgängig gesichert; d. h. fortlaufende, wenn auch nicht monotone Verschlechterung von Leistungs- und psychophysiologischen Kennwerten nicht nur über eine Schicht, sondern im Wochenverlauf liegen vor;
— funktionelle Störungen, faßbar als Beschwerden und organismische Fehlregulationen vorzugsweise im Herz-Kreislauf- und Verdauungsbereich;
— starkes Ansprechen der B-Skala des BMS-Verfahrens im Erlebensbereich ($B \leq 40$).

Bedingt zumutbare Beeinträchtigung der Handlungsregulation durch arbeitsgestalterische Lösungen liegt vor bei
• Monotoniezuständen, die in geringem Ausprägungsgrade und nicht während des überwiegenden Schichtteils auftreten, operationalisierbar durch:
— nur zeitweilige Leistungsstörungen, die kaum die Menge, sondern vorzugsweise die Zuverlässigkeit betreffen,
— zeitweilige, vereinzelte und geringgradige psychophysiologische Disregulationszeichen im Sinne von Desaktivierung,
— mäßiges Ansprechen der M-Skala im Falle der Verwendung des BMS-Verfahrens.[4]
• Arbeitsbedingter Ermüdung der Stufen „labile Kompensation" und „anhaltend verminderte Effektivität", operationalisierbar durch
— die zu den angeführten Stufenbezeichnungen gehörenden Leistungsstörungen (vgl. Text 2),

---

[3] Dabei handelt es sich um ein intervallskaliertes Verfahren zur Messung und Bewertung erlebter arbeitsbedingter psychischer Ermüdung (Belastung), Monotonie und Sättigung, das in Versionen für Montage- und Bedientätigkeiten (BMS I) und Überwachungstätigkeiten (BMS II) vorliegt und im letzteren Falle durch eine Streßskala erweitert wurde (vgl. dazu PLATH und RICHTER 1978 oder Text 2). Die Meßwerte werden auf einer T-Skala (T = 50 $\pm$ 10 z) angegeben (vgl. Gutjahr 1971).

[4] Derartige Monotonieausprägungen werden, obgleich sie nicht verbunden sind mit deutlichen dauernden psychophysiologischen Beeinträchtigungen bei der Mehrzahl der Betroffenen, unter dem Aspekt der Persönlichkeitsförderlichkeit allerdings negativ bewertet. Sie schließen Persönlichkeitsförderlichkeit der jeweiligen Arbeitstätigkeit aus.

— Veränderungen von Kennwerten psychophysiologischer Leistungsvoraussetzungen ohne Tendenz monotoner Stabilitätsverluste,
— völlige Erholung von arbeitsbedingten Beeinträchtigungen bis zum nächsten Schichtbeginn ist durchgängig gesichert,
— mäßiges Ansprechen der B-Skala ($B = 40-46$, eventuell auch noch $46-50$; vgl. Text 2).

Die Bezeichnung „bedingt zumutbare" arbeitsgestalterische Lösung soll betonen, daß arbeitsgestalterisch langfristig bessere Lösungen vorzusehen und zwischenzeitlich Vorsichtsmaßnahmen (z. B. Fernhalten von Personen mit beeinträchtigten Leistungsvoraussetzungen durch ärztliche Einstellungsuntersuchungen, Überwachungs- bzw. Reihenuntersuchungen) vorzusehen sind.

Von *Beeinträchtigungslosigkeit* im normativen, bewertenden Sinne ist dann zu sprechen, wenn keine oder noch zumutbare regelmäßig wiederkehrende Leistungs- und Befindensbeeinträchtigungen durch arbeitsgestalterische Lösungen vorliegen. Nach derzeitigem psychologischem Verständnis können als zumutbar noch in der Arbeitszeit voll ausgleichbare Leistungsbeeinträchtigungen und zeitweilige geringfügige Befindensbeeinträchtigungen angesehen werden. Diese sind ein Ausdruck von im Schichtverlauf voll kompensierbaren Ermüdungszuständen (Stufe der „vollen Kompensation" und bei Verwendung des BMS-Verfahrens auf der B-Skala $B = 46$ bis 50). Dabei ist bedacht, daß derartige Ermüdungszustände eine nützliche, trainierende Funktion für körperliche und psychische Leistungsvoraussetzungen haben können.

Die aufgezählten, an anderer Stelle näher zu erläuternden Operationalisierungen sollen nicht die möglichen nachteiligen Folgen von gänzlich fehlender oder von bedingter Beeinträchtigungslosigkeit vollständig beschreiben. Dazu müßten vor allem ökonomische und gesundheitliche Folgen im Hinblick auf die Fluktuation, auf verlängerte Dauer und erhöhte Häufigkeit von Arbeitsunfähigkeit oder verminderte Neuereraktivität einbezogen und deren Abhängigkeit von sozialen und personalen Moderatorbedingungen beachtet werden. Es ist möglich, bei entsprechendem Aufwand auch dafür ökonomische Verlustaufrechnungen vorzunehmen.

Darüber hinaus müßten auch weitere, über die im BMS-Verfahren erfaßten hinausgehende Erlebnisbeeinträchtigungen, etwa Desinteresse an kulturellen oder politischen Aktivitäten bei hochgradig ermüdeten oder unruhig verspannten Menschen erfaßt werden.

Die hier vorgenommene Beschränkung zielt auf vergleichsweise leichter zuordenbare Merkmale mit einfacherer Beherrschung von Kovariablen- und Moderatorvariableneffekten (vgl. UDRIS 1978 sowie Text 3).

Der verwendete Zumutbarkeitsbegriff ist — wie die Bewertungsmerkmale insgesamt — gesellschaftlich und damit historisch bestimmt. Es handelt sich nicht um einen Begriff der Psychologie. Diese kann lediglich Merkmale und Bestimmungsprozeduren zur Ermittlung des Vorliegens von Zumutbarkeit ausgehend von der gesellschaftlichen Festlegung angeben. Mit der sozialökonomischen Entwicklung wird sich der Zumutbarkeitsbegriff ändern. Damit müssen auch die psychologischen Operationalisierungen verändert werden. Beispielsweise ist vorstellbar, daß unter den derzeitigen gesellschaftlichen Möglichkeiten als bedingt zumutbar eingestufte Befindensbeeinträchtigungen im Verlaufe der weiteren Entwicklung der ökonomischen Möglichkeiten und des arbeitsgestalterischen Kenntnisbestands als nicht mehr zumutbar eingeordnet werden könnten.

Kombinationen von Beeinträchtigungen sind möglich. Im Zusammenhang mit der Teilautomatisierung können gehäuft hohe und einseitige kognitive Anforderungen auftreten, die zu ausgeprägter psychischer Ermüdung bei gleichzeitigem oder sukzessivem Vorliegen von Monotoniezuständen führen. Es liegt eine Kombination von „Überforderungs- und Vereinseitigungstendenz" vor. Als besonders beeinträchtigend wurden — in Analogie zur Schädigungslosigkeit — Kombinationen von hoher Anforderungsintensität mit fehlenden Freiheitsgraden sowie mit fehlenden Möglichkeiten, Unterstützung zu erhalten, erkannt. Ausreichende Erkenntnisse zur Bewertung der Auswirkungen kombinierter psychischer Beeinträchtigungen fehlen noch. Vorläufig kann ein summativer oder potenzierender Effekt nicht ausgeschlossen werden. Daher sollte beim Zusammentreffen verschiedener, einzeln bedingt zumutbarer Beeinträchtigungen die Gesamtbewertung „nicht zumutbar" zugeordnet und damit eine arbeitsgestalterische Überarbeitung ausgelöst werden.

In allen drei Auswirkungsbereichen einer destabilisierten Handlungsregulation, denen die aufgeführten Operationalisierungsmöglichkeiten entnommen wurden, gibt es *quantitative* Merkmale. Das Bewerten von Beeinträchtigungslosigkeit ist also keine qualitativ-verbale Eindrucksstufung auf der Grundlage strittiger Begriffe.

6.3. Erfassung arbeitsbedingter Beeinträchtigungen

Für *Erstorientierungen*, welche einen Überblick verschaffen sollen, können Sieb-(Screening-)Verfahren zum eindrucksgestützten Einschätzen der neuropsychischen Belastungen genutzt werden.

Eine *nähere Analyse* der „ausgesiebten" Tätigkeiten bzw. Arbeitsplätze mittels der Untersuchung von Leistungsverlauf, psychophysiologischen Kennwerten und Befinden ist unerläßlich:

— Das körperliche und geistige *Befinden*, auch als Eigenzustand bezeichnet (NITSCH und UDRIS 1976), ist auf Ordinalniveau (mit der Schätzskalenbatterie von PLATH, vgl. PLATH und RICHTER 1978) und auf Intervallskalenniveau meßbar (BMS-Verfahren von PLATH und RICHTER 1978; Eigenzustandsverfahren von NITSCH 1976). Nochmals sei betont: In jedem Falle ist beim Verwenden von derartigen Erlebensskalierungen eine zusätzliche Absicherung durch objektive, insbesondere Leistungsverlaufsdaten unerläßlich.

Das folgende Beispiel zeigt eine solche Methodenkombination: Meßergebnisse von arbeitsbedingten Befindensbeeinträchtigungen werden in Verbindung gebracht mit der Qualität der Tätigkeitsresultate am Beispiel der visuellen Gütekontrolle von Leiterplatten in der elektrotechnischen Industrie (RICHTER und STARKE 1976). Auf der linken unteren Abbildungshälfte von Abb. 6.1. sind die Ermüdungs(B-)Werte der unzweckmäßigen alten Arbeitsgestaltung, rechts der verbesserten neuen dargestellt. Die Ermüdungsverringerung ist statistisch signifikant. Verändert wurde die Arbeitsteilung bei der Fehlersuche und -behebung. Im oberen Bildteil ist die mit der Ermüdungsverringerung verbundene, gleichfalls signifikante Verringerung der Arbeitsfehler um 20% dargestellt.

Außer der Meßbarkeit von Befindensbeeinträchtigungen belegt dieses Beispiel, daß diese in der Regel mit Produktivitätsverlusten einhergehen und daß Verbesserungen von Arbeitsinhalt und -organisation sowohl Produktivitätssteigerungen als auch eine Stabilisierung des Wohlbefindens am Arbeitsprozeß ermöglichen.

Psychologische Bewertung der Beeinträchtigungslosigkeit 63

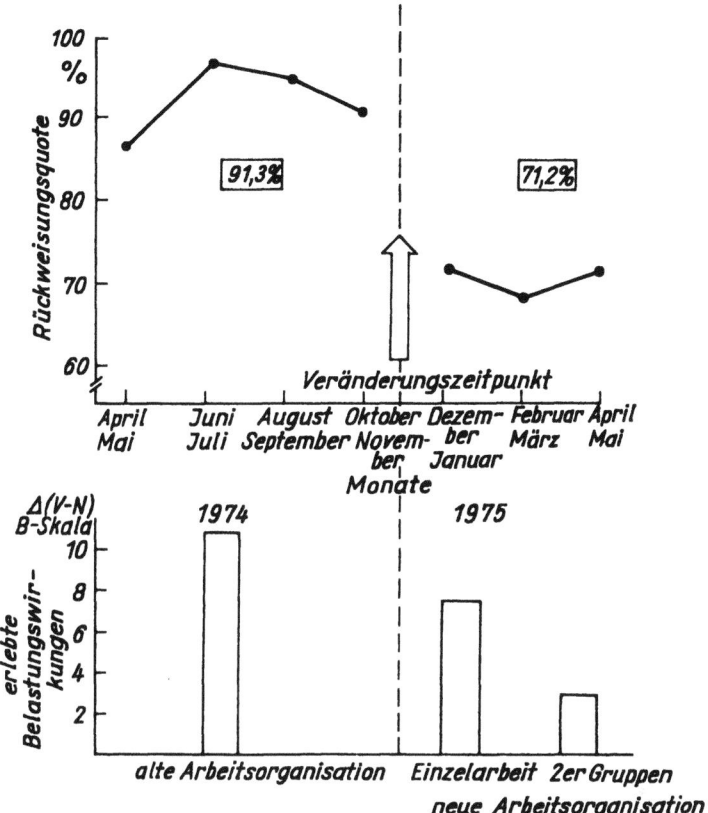

Abb. 6.1.: Einfluß der Arbeitsinhaltsgestaltung auf die Rückweisungsquote von Leiterplatten durch das elektrische Prüffeld und die erlebten Belastungswirkungen bei visueller Fehlersuche mit Nachlöten ($n = 12$) (RICHTER und STARKE 1976).

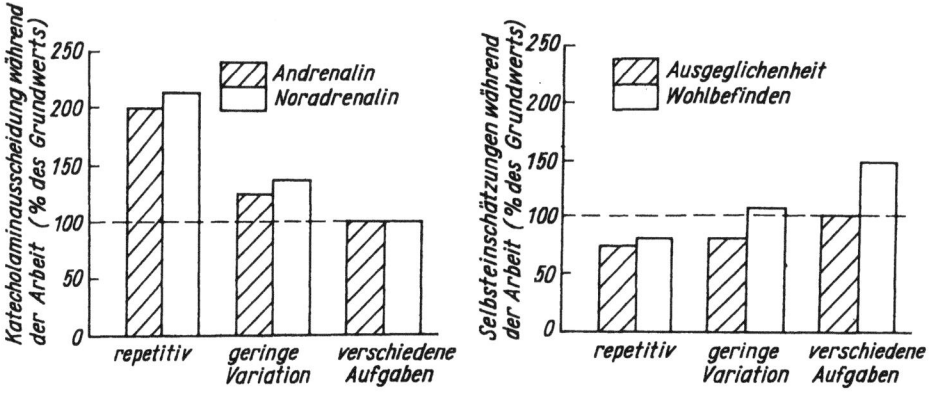

Abb. 6.2.: Mittlere Katecholaminausscheidung und erlebte Niveaus von Ausgeglichenheit und Wohlbefinden in Tätigkeiten mit verschiedenem Niveau von Aufgabenvariation ($n = 12$, 7 bzw. 5); (JOHANSSON, ARONSSON und LINDSTRÖM 1976, S. 16).

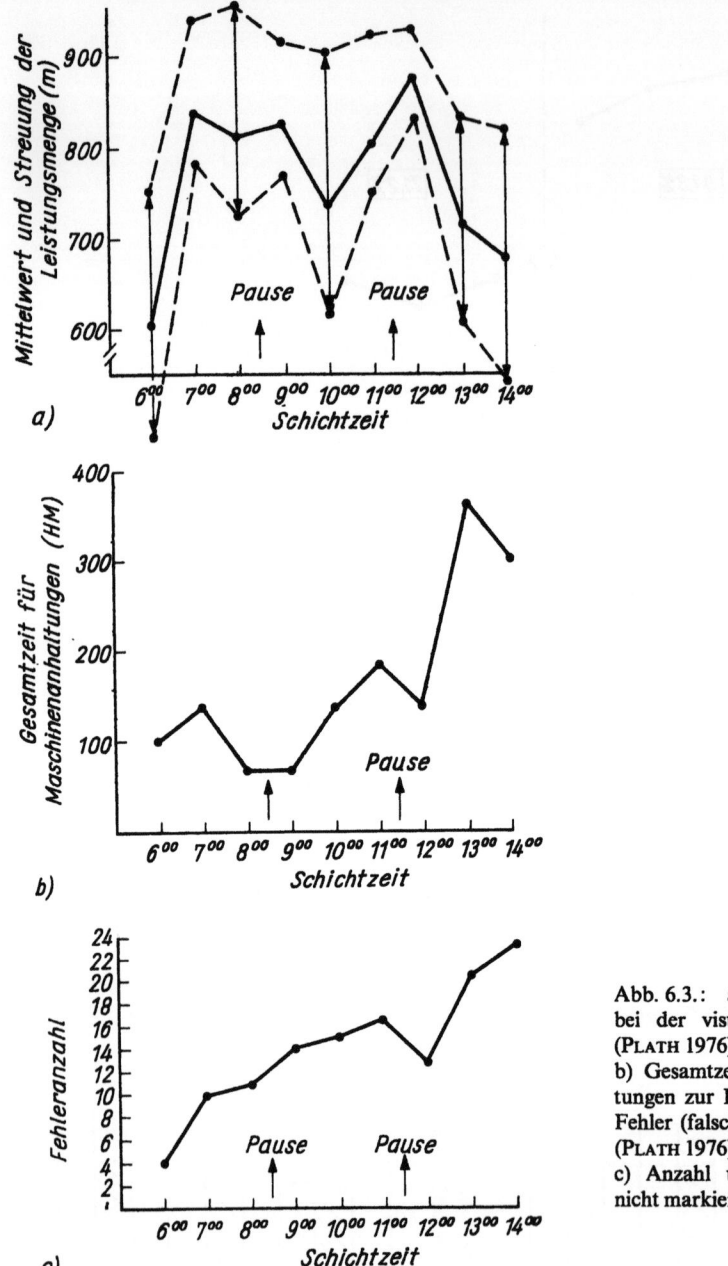

Abb. 6.3.: a) Leistungsentwicklung bei der visuellen Gewebekontrolle (PLATH 1976).
b) Gesamtzeit für Maschinenanhaltungen zur Behebung vermeintlicher Fehler (falsche Alarmierungen); (PLATH 1976).
c) Anzahl übersehener und daher nicht markierter Fehler (PLATH 1976).

— Arbeitsbedingte Veränderungen *psychophysiologischer Indikatoren* der zentralnervösen Beanspruchung und vegetativer Begleiterscheinungen, z. B. der Herzaktivitätsparameter oder der Katecholaminausscheidung sind in merkmalsspezifischen Einheiten meßbar und werden in der Regel angegeben als Veränderung in bezug auf Ausgangs- oder Ruhewerte bei einer standardisierten Beschäftigung.

Es besteht ein enger positiver Zusammenhang zwischen dem Grad monotonieerzeugender Wiederholung gleicher einförmiger Teilaufgaben in Arbeitstätigkeiten und der meßbaren Katecholaminausscheidung sowie dem Wohlbefinden und der Ausgeglichenheit. Das Beispiel zeigt Resultate, gewonnen an Arbeitern eines schwedischen Sägewerkes im Gruppenleistungslohn und bei Schichtarbeit (JOHANSON, ARONSON und LINDSTRÖM 1976, S. 16; vgl. Abb. 6.2.).

Die Meßbarkeit psychophysiologischer Folgen von erlebten Befindensbeeinträchtigungen ist dem angeführten Beispiel leicht entnehmbar.
— Beeinträchtigungen der Handlungsregulation werden auch als arbeitsbedingte *Leistungs*-, also Mengen- oder/und Güteverschlechterungen in Mittelwert- und Streuungsveränderungen erkennbar. Streuungsvergrößerungen sind als abnehmende Zuverlässigkeit des Erzeugens forderungsgerechter Produkte beschreibbar.

Für das Bewerten der Beeinträchtigungslosigkeit ist dieser Indikatorbereich besonders wichtig, weil
a) Leistungsdaten ohnehin in den Betrieben und Einrichtungen erfaßt und ausgewertet werden müßten und somit keine zusätzlichen Erhebungen, sondern nur differenzierte Auswertungen erforderlich sind, und
b) in Leistungsdaten der Zusammenhang von ökonomischem Anliegen und arbeitswissenschaftlicher Bewertung, hier der Beeinträchtigungslosigkeit, augenfällig und daher leicht zu begreifen ist.
Das Hauptproblem beim Nachweisen von Beeinträchtigungen aus Leistungsverläufen ist das Kontrollieren der Kovariablen, insbesondere von nicht beeinträchtigungsbedingten Einstellungsveränderungen. Methodische Voraussetzungen dafür sind mehrdimensionale und den Tätigkeitsverlauf erfassende Analysen.

Am Beispiel der visuellen Gütekontrolle von kontinuierlich ablaufenden Stoffbahnen auf Mängel soll der Nachweis nicht kompensierbarer arbeitsbedingter Ermüdung mittels einer mehrdimensionalen Analyse von Leistungsverläufen veranschaulicht werden (PLATH 1976).
Im zweiten Viertel und im letzten Drittel der Schicht verringert sich die Leistung bei gleichzeitig stark anwachsender Schwankung (Abb. 6.3.). Immer häufiger werden Fehler im Verlaufe der Schicht übersehen. Einstellungsverschlechterungen können als Kovariable ausgeschlossen werden: Das güteorientierte Leistungsverhalten wird kompensatorisch mit der Leistungslabilisierung sogar verstärkt, wenn auch ohne Effekt. Die Unsicherheit des Erkennens wächst offenbar. Es werden vorschnelle Erkennungshypothesen mit zunehmenden falschen Alarmierungen bzw. Fehlidentifikationen gebildet.

Das Beispiel macht erkennbar, daß Beeinträchtigungen in der Handlungsregulation, erlebbar als beträchtliche Befindensbeeinträchtigungen, nicht nur einen Verstoß darstellen gegen die anspruchsvolle Definition der Weltgesundheitsorganisation zum Begriff Gesundheit, sondern auch ein Verstoß gegen die Forderungen nach ungeschmälerter Arbeitsproduktivität.
Im Text 2 wird gezeigt werden, daß psychische Ermüdung, Monotoniezustand, psychische Sättigung und Streßzustand im engeren Sinne voneinander durch charakteristische Muster der Befindens-, Leistungs- und psychophysiologischen Veränderungen hinreichend unterscheidbar sind. Die Kenntnis dieser Unterschiede ermöglicht, spezifische arbeitsgestalterische Gegenmaßnahmen zu ergreifen.

7. Psychologische Bewertung der persönlichkeitsförderlichen Gestaltung von Arbeitstätigkeiten

7.1. Begriff und Stufung der persönlichkeitsförderlichen Gestaltung auftragsbezogener Arbeitstätigkeiten

Der wiederholt zitierte Gesundheitsbegriff der Weltgesundheitsorganisation umfaßt das vollständige körperliche, geistige und soziale Wohlbefinden. Unter dem Aspekt der Beeinträchtigungslosigkeit der Tätigkeitsregulation wurden nur die Stabilität des Leistungsverlaufs, der psychophysiologischen Aktivierungsmerkmale und der Erlebensqualität bewertet. Auch wenn geistiges und soziales Wohlbefinden in die Bewertung einbezogen werden, ist die zu bewertende Funktion von Arbeitstätigkeiten für das Individuum und die Gesellschaft noch nicht ausreichend erfaßt. Das wird bereits daran deutlich, daß Zufriedenheit als eine mögliche Erscheinungsform geistigen und sozialen Wohlbefindens auch ein resignierendes Ergebnis der Gewöhnung an verkümmernde Anforderungen durch Anspruchsniveausenkung (NACHREINER, WUCHERPFENNIG, ERNST und RUTENFRANZ 1976) und andererseits schöpferische Unzufriedenheit von Neuerern ein Ausdruck der Förderung intellektueller Fähigkeiten durch fordernde Aufgaben und des Bemühens um noch raschere Entwicklung sein kann (HURRELMANN und STACH 1973, BRUGGEMANN 1974).

Die allseitige Ausbildung der körperlichen und geistigen Fähigkeiten — also die Entwicklung der „total entwickelten Individuen" (MARX 1959, S. 512) — durch die Arbeit gehört zu den gesellschaftlichen Zielstellungen der Arbeitsgestaltung in sozialistischen Ländern. Sie trägt zugleich als wichtigste Produktivkraft zur erforderlichen hohen Arbeitsproduktivität bei.[5]

---

[5] „Sie (die große Industrie) macht es zu einer Frage von Leben oder Tod, die Ungeheuerlichkeit einer elenden, für das wechselnde Exploitationsbedürfnis des Kapitals in Reserve gehalten, disponiblen Arbeiterbevölkerung zu ersetzen durch die absolute Disponibilität des Menschen für wechselnde Arbeitserfordernisse, das Teilindividuum, den bloßen Träger einer gesellschaftlichen Teilfunktion, durch das totalentwickelte Individuum, für welches verschiedene gesellschaftliche Funktionen einander ablösende Betätigungsweisen sind" (MARX 1959, Bd. 1, S. 512).
Es müssen Arbeiter herangebildet werden, „die die wissenschaftlichen Grundlagen der gesamten industriellen Produktion verstehen und von denen jeder eine ganze Reihe von Produktionszweigen vom Anfang bis zum Ende praktisch durchgemacht..." hat (ENGELS 1969, S. 276).
„Die sozialökonomischen und betrieblichen Bedingungen der Arbeit sind zu verbessern, der schöpferische Charakter der Arbeit ist zu verstärken, der Anteil der manuellen, der wenig qualifizierten und der schweren körperlichen Arbeit maximal zu verringern" (XXV. Parteitag der KPdSU, Dokumente, Berlin S. 76).

Die Bewertungsebene „Persönlichkeitsförderlichkeit arbeitsgestalterischer Lösungen" kann einengend für auftragsbezogene konkrete Arbeitstätigkeiten und für arbeitspsychologische Gestaltungsanliegen in drei Stufen unterteilt werden.[6]

Die zu bewertenden arbeitsgestalterischen Lösungen für Arbeitstätigkeiten können bei langjähriger gleichbleibender Ausführung führen zur
— Weiterentwicklung habitueller regulierender psychischer Leistungsvoraussetzungen mit Persönlichkeitswert (Einstellung, Fähigkeiten) durch Lernvorgänge (Kurzbezeichnung: persönlichkeitsfördernde arbeitsgestalterische Lösungen);
— Erhaltung von Einstellungen und Fähigkeiten trotz gleichzeitiger Alternsvorgänge (Kurzbezeichnung: bedingt persönlichkeitsfördernde Lösungen);
— Rückbildung persönlichkeitszentraler Leistungsvoraussetzungen (Einstellungen, Fähigkeiten) durch fortwährendes Nichtbeanspruchen und Fehlen von Vorgängen, die Alternsprozessen entgegenwirken (Kurzbezeichnung: nicht persönlichkeitsfördernde Lösungen).

Beim Bewerten innerhalb von korrektiven und projektiven Arbeitsgestaltungsmaßnahmen wird immer dann vergröbernd nur zwischen nicht persönlichkeitsfördernden und bedingt fördernden bzw. fördernden arbeitsgestalterischen Lösungen unterschieden werden können, wenn keine eingehenden Vergleiche zwischen der Anforderungs- und der tatsächlich gegebenen, nicht nur erschlossenen Qualifikationsstruktur möglich sind.

Für das angemessene Bewerten von Persönlichkeitsförderlichkeit im normativen Sinne ist entscheidend, daß Persönlichkeitsentwicklung nicht das Erwerben von Wissen, Erfahrungen oder Fertigkeiten, sondern das Aneignen von Fähigkeiten in Verbindung mit Einstellungen zu ihrem Einsatz ist (RUBINSTEIN 1962, LEONTJEW 1975, GLESERMANN 1976).[7]

---

[6] Um Mißverständnissen aus Überdehnungen unseres Anspruchs vorzubeugen, beachte man diese Einengungen auf
— das Bewerten arbeitsgestalterischer Lösungen,
— für konkrete, industrielle Arbeitstätigkeiten,
— aus arbeitspsychologischer Sicht.
Für weitergehende Anliegen sind andere Überlegungen und andere Verfahren erforderlich.

[7] Persönlichkeit wird im Zusammenhang des Begriffs „Persönlichkeitsförderlichkeit arbeitsgestalterischer Lösungen" in psychologischer Hinsicht als die Einheit jener relativ stabilen psychischen Merkmale (Dispositionen) verstanden, welche gesellschaftlich bedeutsames Verhalten, anders formuliert, langfristig verhaltenswirksame Beziehungen zu gesellschaftlichen Wertbereichen wie sozialen Bezugsgruppen, Arbeitsaufgaben oder Kulturgütern, vorherzusagen gestatten. Diese Persönlichkeitsmerkmale sind nicht notwendig identisch mit individuellen, d. h. die Individuen unterscheidenden Merkmalen. Insofern ist dieser Persönlichkeitsbegriff, dem Ziele der Arbeitsgestaltung für ganze Menschengruppen, nicht für Individuen angemessen, ein allgemeinpsychologischer, kein differentialpsychologischer. Er entspricht dem Persönlichkeitsprinzip der marxistischen Psychologie: „Bei der Erklärung beliebiger Erscheinungen tritt die ‚Persönlichkeit' als das zu einem Ganzen verbundene Insgesamt der inneren Bedingungen zutage, durch die alle äußeren Einwirkungen gebrochen werden" (RUBINSTEIN 1962, S. 49). Psychische Prozesse, Zustände und Eigenschaften können nicht verstanden oder geformt werden außerhalb ihrer Bedingtheit durch die zu einer Einheit verbundenen Gesamtheit innerer Bedingungen, genannt Persönlichkeit. Anders formuliert, sie können nicht verstanden oder geformt werden außerhalb ihrer Wechselwirkungen, nur als Summe isolierter und sich immer gleichbleibender psychischer Funktionen (PLATONOW 1974).

Die Entwicklung körperlicher und geistiger Fähigkeiten trägt zur Persönlichkeitsentwicklung bei, weil sie das disponible Erzeugen realisierbarer Handlungspläne ermöglicht. Sie erzeugt Handlungskompetenz (VOLPERT 1974).

In dem für das Bewerten vorrangig interessierenden Erwachsenenalter ist eine Entwicklung hauptsächlich möglich über das Entwickeln der Sprech-Denk-Leistungen, welche dem allgemeinen Prozeß des Alterns entgegenwirken (ANANJEW 1974). Folg-

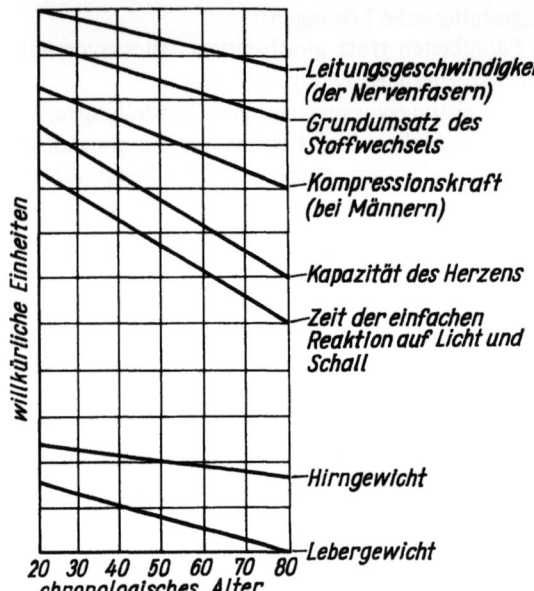

Abb. 7.1.: Schematisierte Darstellung der Veränderungen einiger Merkmale des menschlichen Organismus im Erwachsenenalter (BROMLEY 1966, zit. nach ANANJEW 1974).

lich muß eine persönlichkeitsfördernde Arbeitsgestaltung Möglichkeiten zum Nutzen und Entwickeln eben dieser Leistungen schaffen. Im einzelnen: Im Unterschied zu der vergleichsweise homogenen Abnahme anatomischer und physiologischer Leistungskennwerte des Organismus (Abb. 7.1.) weisen verbale und nichtverbale geistige Leistungen im Erwachsenenalter einen entgegengesetzten Entwicklungsverlauf auf (Abb. 7.2.): „Bereits mit 30—35 Jahren bemerkt man eine allmähliche Stabilisierung und danach einen Abfall der nichtverbalen Funktionen, die um das 40. Lebensjahr scharf ausgeprägt sind. Die verbalen Funktionen dagegen progredieren gerade von dieser Periode an am intensivsten, erreichen ihr höchstes Niveau nach dem 40.—45. Lebensjahr. Es besteht kein Zweifel, daß die Sprech-Denk-Funktionen, die Funktionen des 2. Signalsystems, dem allgemeinen Prozeß des Alterns entgegenwirken und ihrerseits bedeutend später als alle anderen psychophysiologischen Funktionen involutionäre Wandlungen durchmachen. Diese wichtigste Errungenschaft der historischen Natur des Menschen wird zum entscheidenden Faktor der Ontogenese des Menschen.

Ein nicht weniger wichtiger Faktor dieser Evolution ist die Sensibilisierung der Funktionen in der praktischen (Arbeits-)Tätigkeit des Menschen. Die Gesamtwirkung der genannten Faktoren bestimmt den 2-Phasen-Charakter der Entwicklung ein und derselben psychophysiologischen Funktionen des Menschen. Die erste von

Bewertung der persönlichkeitsförderlichen Arbeitsgestaltung 69

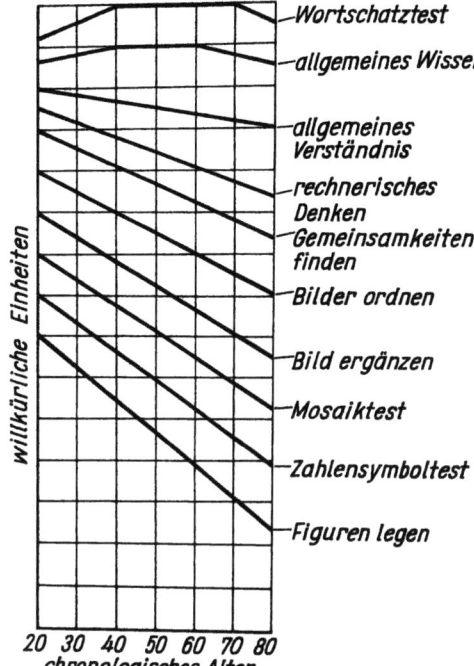

Abb. 7.2.: Schematisierte Darstellung der Entwicklung verbaler (insbesondere Wortschatzaktivierung, Wissensaktivierung, Verständnis) und nichtverbaler (insbesondere Figurenlegen, Zahlensymboltest, Mosaiktest) geistiger Leistungen im Erwachsenenalter (Untersuchungen mit dem WECHSLER-BELLEVUE-Verfahren; BROMLEY 1966, zit. nach ANANJEW 1974).

ihnen ist der allgemeine, frontale Progreß der Funktionen während des Heranreifens und der frühen evolutionären Veränderungen der Reife (in der Jugend, im jungen Alter und zu Beginn des mittleren Alters). In diesem Bereich liegt gewöhnlich auch der Höhepunkt dieser oder jener Funktion in ihrer allgemeinsten (noch nicht spezialisierten) Form. Die zweite Phase der Evolution derselben Funktionen ist ihre Spezialisierung in bezug auf bestimmte Objekte, Operationen und gemäß der mehr oder weniger bedeutsamen Lebenssphären" (ANANJEW 1974, S. 138 f.).

Dieses widersprüchliche Zusammenfallen von allgemeinem Abfall mit der Vervollkommnung tätigkeitsspezifischer Leistungsteile liegt sowohl bei sinnlich-perzeptiven wie auch bei gedächtnismäßigen und intellektuellen tätigkeitsregulierenden Leistungen in Abhängigkeit von ihrer begrifflich-verbalen Durchdringung vor.

Mit der Entwicklung von Handlungskompetenz steht die Entwicklung von *Einstellungen* in einer Wechselwirkung: Die individuell und gesellschaftlich nützliche Anwendung und Entwicklung der erworbenen Fähigkeiten gehört zu den Hauptbedürfnissen der Werktätigen, deren Erfüllung von Arbeitstätigkeiten erwartet wird. Die Hauptbedürfnisklassen sind nach soziologischen Untersuchungen (STOLLBERG 1975):

— das Bedürfnis nach einer Form der Teilhabe an der Entwicklung seiner Gesellschaft, die den einzelnen als ein geachtetes Mitglied erweist; dazu gehört das Anliegen, ein abgeschlossenes, sinnvolles „Stück Arbeit" zu leisten;

— das Bedürfnis nach Selbstbestätigung durch erfolgreiches Anwenden erworbener Fähigkeiten (produktive Bedürfnisse im Sinne von HOLZKAMP-OSTERKAMP 1975 und

1976), bei Beeinflußbarkeit, Vorhersehbarkeit und Durchschaubarkeit der Arbeitssituation;
— das Bedürfnis nach Betätigung in einer sozialen Geborgenheit gewährenden Gemeinschaft (produktive Bedürfnisse als Teilnahme an der gesellschaftlichen Sicherung der Lebensbedingungen),
— das Bedürfnis nach geregelter materieller Sicherstellung.

7.2. Bewertungskriterien und ihre Operationalisierung für das Arbeitsstudium

Bei der individuellen Bewertung und Wahl von Arbeitstätigkeiten gewinnt die individuell und gesellschaftlich nützliche, weiterentwickelnde Betätigungsmöglichkeit der Fähigkeiten, also der Arbeitsinhalt, führendes Gewicht. Beim Gestalten und Bewerten von konkreten Arbeitstätigkeiten mit den Mitteln der Psychologie kann nur ein Ausschnitt der umfassenderen Möglichkeiten zur Persönlichkeitsentwicklung genutzt werden, die im gesamten gesellschaftlichen Reproduktionsprozeß vorliegen. Man denke darüber hinaus an die Ausnutzung der möglichen Rolle als Eigentümer der Produktionsmittel oder die Beteiligung an der Leitung und Planung des Betriebes.

In das Bewerten der Gestaltungsgüte konkreter Arbeitstätigkeiten sind damit folgende gesellschaftliche Zielstellungen aufzunehmen, die sich in den individuellen Bedürfnissen widerspiegeln (zur differenzierten Darstellung vgl. HACKER 1980, Kap. 10):
a) vielseitige Nutzung und Entwicklung von Fähigkeiten bei Freiheitsgraden für selbstverantwortliche Mittel-Weg-Entscheidungen als Grundlage von Handlungskompetenz;
b) Erkennbarkeit des individuellen Beitrags zum gesellschaftlichen Gesamtanliegen als Grundlage sinnvoller individueller Zielstellungen;
c) Gewährleistung von zur Kollektivbildung beitragenden Kooperationsmöglichkeiten;
d) Leistungsbewertung im Sinne der Bestätigung als anerkanntes Mitglied der Gesellschaft.

Zu a: Für das Bewerten von Arbeitstätigkeiten muß das erstgenannte Kriterium „Möglichkeit zu vielseitiger Fähigkeitsentwicklung als Grundlage von Handlungskompetenz" untersetzt und transformiert werden.

Für das Bewerten von Arbeitstätigkeiten sind die Möglichkeiten zur Entwicklung und Nutzung
— disponibel einsetzbarer,
— persönlichkeitszentraler, also die Beziehungen der Persönlichkeit zu gesellschaftlich bewerteten Wertbereichen bestimmender,
— effektivitätswirksamer,
— intellektueller
Fähigkeiten heranzuziehen.

Jedoch können weder bei den Bewertungsschritten innerhalb der korrektiven noch der projektiven Arbeitsgestaltung derartiger Fähigkeiten selbst ermittelt, sondern nur Voraussetzungen für ihren Einsatz erschlossen und bewertet werden. Fähigkeitsermittlung in Längsschnittuntersuchungen mit standardisierten psychodiagnostischen Verfahren, ausgewertet mit den Mitteln der Veränderungsmessung sind — abgesehen von der Grundlagenforschung — nur denkbar zum Zwecke der Nachkontrolle durchgeführter Veränderungen.

Das disponible Erzeugen realisierbarer Handlungspläne wird nur dann gefordert und gefördert, wenn neben beeinträchtigungsfreien körperlichen Anforderungen auch
— regelmäßig Anforderungen auf intellektueller Regulationsebene, vorzugsweise hinsichtlich der Mittel-Weg-Wahl, der Arbeitsabfolge und des Tempos vorliegen (also nicht nur Reproduktion gefordert ist), die
— nicht vollständig algorithmisch abgearbeitet werden können, sondern wenigstens wissensreorganisierende oder übertragende, besser selbständig problemlösende und möglichst bisweilen auch schöpferische Lösungen verlangen, wozu
— Freiheitsgrade (Beeinflußbarkeit bei Durchschaubarkeit und Vorhersehbarkeit) für verantwortliches Entscheiden vorhanden sein müssen, mit denen
— aufgabenbezogene eigene Zielstellungen erforderlich sind.

Mit diesen konkreten, prüfbaren Bedingungen muß Disponibilität gefordert sein. Der Grund dafür ist, daß durch die psychische Automatisierung bei gleichförmig wiederkehrenden Anforderungen ein langzeitiges, regelmäßiges Auftreten geistiger Anforderungen nur dann vorliegt, wenn
— die Anforderungsvielfalt die Gedächtniskapazität übersteigt oder so fordert, daß regelgeleitete Rekonstruktion anstelle unvermittelter Reproduktion vorliegt und/oder
— der Anforderungswechsel das „Absinken" der Regulation auf die Ebene erlernter Automatismen verhindert.

Daraus folgt, daß beim Bewerten neben den obigen, auf konkrete Tätigkeiten bezogenen Untersetzungen von Handlungskompetenz diese eben genannten Voraussetzungen für ihre langfristige Wirksamkeit geprüft werden müssen.

PETROSCHENKO (1975) fordert unter anderem Kennziffern für
— die erforderliche Selbständigkeit in der Wahl der Arbeitsweise einschließlich Abfolge und Tempo,
— die intellektuellen einschließlich schöpferischen Anforderungen. Dabei unterstreicht er die Notwendigkeit, die Anforderungen flexibel zu gestalten, um die weitere Entwicklung von geistigen Leistungsvoraussetzungen zu ermöglichen. Gleichzeitig muß jedoch die Stabilität der Kollektive erhalten bleiben. Dafür sprechen ökonomische Gründe, nämlich die hohen Fluktuations- und Einarbeitungsverluste sowie die größere soziale Wirksamkeit stabiler Gruppen. Das Ziel der Mobilität der Anforderungen bei weitgehender Stabilität der Arbeitskollektive können auf folgenden Wegen erreicht werden:
— Erhöhung des Anteils komplizierter Arbeit durch Mechanisierung und Automatisierung,
— Wechsel innerhalb von Teilberufen und damit Beherrschung mehrerer Teilberufe,
— Wechsel des Berufs im gleichen Kollektiv (z. B. vom Apparatefahrer zum Laboranten oder zum Instandhaltungselektriker) bzw. eng damit zusammenhängend,
— Wechsel der Funktion innerhalb eines Kollektives (z. B. vom Bediener zum Instandhaltungsmann oder zum Programmierer)
— Wechsel zwischen benachbarten Gruppen,
— Kombination von Betriebsarbeit und Hobby.

Ebenso bedeutsam ist ein mit einer weiteren Kennzifferngruppe verbundener Gesichtspunkt:
— das Verhältnis von körperlicher und geistiger Arbeit im Sinne eines noch zu definierenden günstigen Verhältnisses beider. Diese Kennziffergruppe müsse unter anderem festzulegen gestatten, was im Interesse der physischen Entwicklung nicht mechanisiert werden soll. Ebenso wären Festlegungen darüber denkbar, was im Interesse geistiger Anforderungen nicht automatisiert werden sollte.

Zu b: Arbeitstätigkeiten sind zielgerichtet, d. h. auf das Verwirklichen vorwegzunehmender Resultate ausgerichtet. Die Art und der Umfang der möglichen bzw. erforderlichen Vorwegnahmen mit dem Charakter von Vornahmen beeinflußt die psychische und die Verlaufsstruktur der Tätigkeit. Je weniger eigene Vornahmen erforderlich und möglich und je einfacher sie sind, um so geringer sind auch die Möglichkeiten zu einer Motivierung durch Anregungen aus der Tätigkeit selbst („intrinsische Motivierung") und zu selbständiger intellektueller Verfahrensfestlegung. Man kann (1) mengen- bzw. zeitbezogene, (2) abfolgebezogene, (3) prozeßphasen- bzw. aufgaben- und (4) problembezogene Zielstellungen unterscheiden. Differenziertere Zielstellungen ermöglichen ein größeres Ausmaß von antizipativ-prophylaktischem gegenüber reaktivem Vorgehen und damit ein Beherrschen des Produktionsprozesses, welches nicht nur Fähigkeiten umfassender nutzt und produktiver ist, sondern auch weniger belastet. Ursache dafür ist, daß nicht generell umfassendere geistige Aktivitäten vorliegen, sondern rationalisierende antizipativ-organisierende Leistungen ausgeprägter, reaktiv-beantwortende dagegen vermindert sind. Die Ziele müssen ein sozial sinnvolles, abgeschlossenes Resultat betreffen.

Zu c: Der gesellschaftliche Einfluß auf die Persönlichkeit, insbesondere auf die Entwicklung von Einstellungen, ist im Kollektiv am unmittelbarsten. Die Kollektiventwicklung ist abhängig von den Kommunikations- und Kooperationsmöglichkeiten und -erfordernissen. Kommunikation wird hier als Mittel zur Kooperation verstanden, nämlich als die sprachliche Form des Informationsaustausches über den Arbeitsprozeß und über dabei entstehende Beziehungen.

Diese Kommunikations- und Kooperationsmöglichkeiten sind wiederum weitgehend bestimmt durch den Typ des Kooperativverbandes, der bei der technologischen und organisatorischen Fertigungsvorbereitung mit dem Festlegen der Arbeitsteilung fixiert wird. Außerdem wird mit der festgelegten Arbeitsteilung auch die Entwicklungsmöglichkeit kognitiver Leistungen beeinflußt. Sie sinkt mit dem Grad der Zergliederung intellektueller Leistungskomponenten. Das ist durch bedingungsabhängige, flexible Formen der Arbeitsteilung in Integrativverbänden vermeidbar (vgl. HACKER 1980).

Zu d: Die Leistungsbewertung ist kein Problem der Bewertung der Gestaltungsgüte von Arbeitstätigkeiten, sondern der Leitungsform und wird daher hier nicht behandelt.

7.3. Meßbare Auswirkungen persönlichkeitsförderlicher Arbeitsgestaltung

Welche meßbaren Auswirkungen rechtfertigen das Einbeziehen der Bewertung nach Persönlichkeitsförderlichkeit in die konstruktive, technologische und organisatorische Fertigungsvorbereitung?

Meßbare Auswirkungen sind in folgenden Bereichen zu suchen:
a) Erhaltung und Weiterentwicklung von disponibel einsetzbaren intellektuellen Fähigkeiten durch geistige Anforderungen der langzeitig ausgeübten Arbeitstätigkeiten.

Die Höhe geistiger Leistungen ist im gesamten Erwachsenenalter abhängig auch vom Ausmaß der Inanspruchnahme geistiger Fähigkeiten durch die Aufgaben in der

Hauptlebenstätigkeit, der Arbeit (ANANJEW 1974, LÖWE und ALMEROTH 1975, KOHN und SCHOOLER 1973). Es gibt Hinweise darauf, daß die Unterschiede im Niveau spezifischer geistiger Leistungen mit der Dauer des Ausübens von Arbeitstätigkeiten mit unterschiedlichem Anforderungsniveau wachsen, der Abbau in höheren Lebens- und Tätigkeitsaltern nämlich um so stärker ist, je anforderungsärmer eine Tätigkeit ist. Meßmittel sind hier standardisierte Verfahren zum Prüfen kognitiver Leistungen im Längsschnitteinsatz mit Auswertungstechniken der Veränderungsmessung. Damit besteht ein Argument gegen Konzeptionen, die ein schicksalhaftes Nachlassen der Leistungsfähigkeit vom Ende der Adoleszenz an behaupten (Adoleszenz-Maximum-Hypothese).

Auch bei schärferen Prüfbedingungen, nämlich bei gleicher Vorbildungsstufe, wächst mit dem Lebens- und dem Arbeitstätigkeitsalter der Unterschied in bestimmten geistigen Leistungen in Abhängigkeit vom Anforderungsniveau der Tätigkeit (Abb. 7.3., 7.4.).

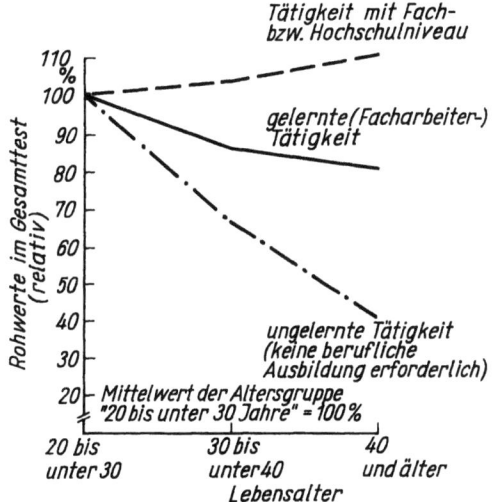

Abb. 7.3.: Veränderungen ausgewählter geistiger Leistungen mit dem Lebensalter in Abhängigkeit vom Anforderungsniveau der ausgeführten Tätigkeit (Gesamttestrohwert = Summe der Rohwerte der Untertests Wortauswahl, Zahlenreihen, Figurenauswahl des Intelligenzstrukturtests [IST] von AMTHAUER; SCHLEICHER 1973, S. 42).

In den niedrigsten Altersgruppen liegen die Leistungen von Werktätigen mit unterschiedlichem Bildungsniveau zunächst weit (statistisch gesichert) auseinander. Im weiteren Lebenslauf kommt es jedoch unabhängig vom Schulabschluß bei Werktätigen mit höheren Tätigkeitsanforderungen (Facharbeiter) zu einem Gleichbleiben bzw. Ansteigen der geprüften geistigen Leistungen, bei Werktätigen mit den niedrigsten Tätigkeitsanforderungen dagegen zum Leistungsabfall. Bereits mit 30 bis 40 Lebensjahren finden sich dadurch umgekehrt keine signifikanten Unterschiede mehr in den geistigen Leistungen in Abhängigkeit vom schulischen Bildungsniveau, sondern nunmehr — auch bei gleicher Schulbildung — in Abhängigkeit vom Anforderungsniveau der ausgeübten Berufstätigkeit. SCHLEICHER (1973) leitet daraus die Schlußfolgerung ab, daß die intellektuelle Entwicklung im Jugendalter wahrscheinlich stärker durch die Bildungsbedingungen, im Erwachsenenalter stärker durch die Tätigkeitsanforderungen bestimmt wird. Diese Schlußfolgerung wird unterstützt dadurch, daß z. B. beim Vergleich von Berufen mit Hochschulausbildung neben gleichartigen auch unterschiedliche, nämlich berufsspezifische Veränderungen, beispielsweise im räumlichen Vorstellen und schlußfolgernden Denken (im Sinne des IST-AMTHAUER) nachgewiesen wurden (ALTHOFF 1968). Der Einfluß von Selektions- gegenüber „Sozialisations"effekten bleibt offen (GREIF 1978). Eine Zusammenfassung weiterer methodenkritischer Einwände und Lösungsvorschläge mit Hilfe von geeigneten, Quer- und Längsschnitte kombinierenden Untersuchungsplänen und von geeigneteren arbeitsanalytischen Verfahren gab KÖNIG (1980a, b).

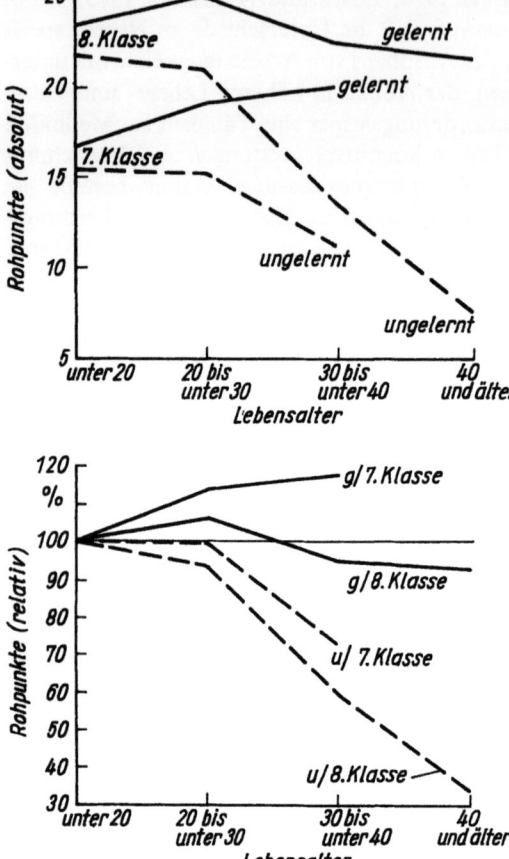

Abb. 7.4.: Veränderung ausgewählter geistiger Leistungen mit dem Lebensalter in Abhängigkeit vom Bildungsniveau (Schulabschluß der 7. bzw. 8. Klasse) und dem Anforderungsniveau der ausgeführten Berufstätigkeit („gelernt"-Facharbeitertätigkeit; „ungelernt"-Tätigkeit, die keinerlei berufliche Ausbildung oder Einarbeitung erfordert); (SCHLEICHER 1973, S. 45).

In ökonomischer Hinsicht steht hinter der Divergenz von Qualifikations- und Anforderungsniveau ein beträchtlicher Verlust. Manche Autoren schätzen, daß in der DDR ein Bildungsfonds von 14,5 Mrd. M nicht ausreichend genutzt werde (MEIER 1975).

b) Motivierung für die eigene Arbeitsaufgabe, den Betriebsauftrag und gesellschaftliche Anliegen.

— Vielfältigere Anforderungen können zu höherem Einsatz für die eigene Aufgabe und damit zu meßbar höherer Produktivität und/oder verbesserter Qualität motivieren und zugleich rationellere, nämlich antizipierende prophylaktische Vorgehensweisen auslösen.

Beispielsweise zeigt sich, daß bei Werktätigen mit anforderungsreicheren, aber sonst vergleichbaren Bedingungen eine bessere Arbeitszeitausnutzung, ausgedrückt als Anteil individuell bedingter Verlustzeiten, als bei solchen mit anforderungsärmeren Bedingungen vorliegt. Sogar in Laboruntersuchungen läßt sich die höhere Arbeitsproduktivität bei anforderungs- oder inhaltsreicheren Tätigkeiten mit mehr Freiheitsgraden in Übereinstimmung mit der Inhalts-Entscheidungsspielraum-Theorie von MAHER (1976) nachweisen (Abb. 7.5.).

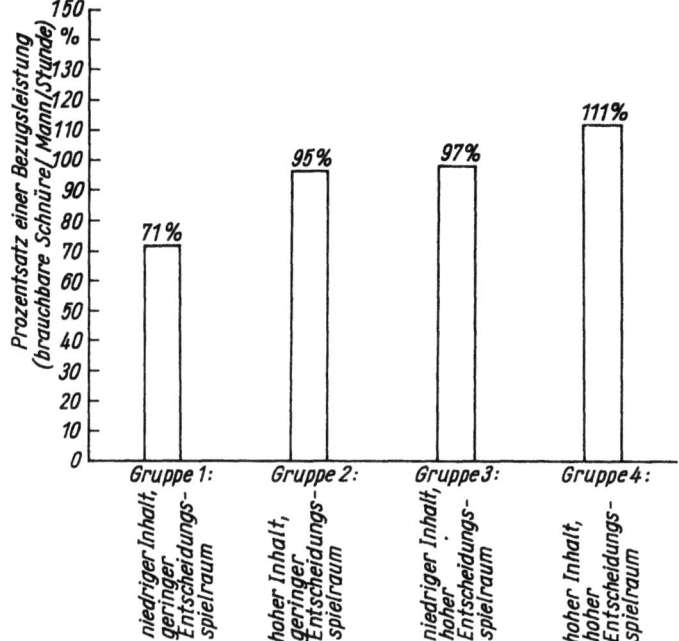

Abb. 7.5.: Produktivitätsveränderungen bei Variation des Arbeitsinhalts und des Entscheidungsspielraums bei einer Montagearbeit (4. Tag); (MAHER 1976).
Arbeitsinhalt: zergliederte Arbeit am Fließband vs. Gesamtmontage von Verlängungskabeln an Einzelarbeitsplätzen;
Entscheidungsspielraum: ins einzelne gehende vs. allgemeine Anweisungen;
Bezugsleistung: gewogenes Mittel der qualitätsgerechten Kabel pro Person und Stunde über alle Gruppen.

Qualitätsverbesserungen um 50 % wurden durch das Erarbeiten von Vorgehensweisen in Neuererkollektiven erzielt (NEUBERT und TOMCZYK 1976).
Schließlich ist auch der Krankenstand, dessen Senkung erhebliche ökonomische Reserven erschließt, als Kriterium des Grades der Beeinträchtigungslosigkeit und Persönlichkeitsförderlichkeit hier einzuordnen.

Die Aktivität der Werktätigen bei Produktionsberatungen, Rationalisierungsvorhaben, in der Neuererbewegung sowie bei gesellschaftspolitischen Aufgaben nimmt mit den geistigen Anforderungen im Sinne der Handlungskompetenz zu (Tab. 7.1.). Auch damit sind ökonomische Gewinne verknüpft.

c) Erhöhung des Wohlbefindens und Stabilisierung der Gesundheit
Arbeit kann eine gesundheitsstabilisierende und -fördernde Wirkung haben.
Die Verringerung des Depressionsrisikos bis auf die Hälfte insbesondere beim Vorliegen ausgeprägter belastungskritischer Faktoren bei Frauen illustriert Abb. 7.6.

Als erstes Bewertungskriterium war die vielseitige Nutzung und die lernbedingte Weiterentwicklung von Fähigkeiten im Arbeitsprozeß und als Voraussetzung dafür Freiheitsgrade für selbstverantwortliche Mittel-Weg-Entscheidungen benannt worden. Erkannte objektive Freiheitsgrade befriedigen Bedürfnisse nach Einsicht oder Durch-

Tab. 7.1.: *Aktivitäten von Produktionsarbeitern in Abhängigkeit von den auszuführenden Tätigkeiten (Angaben in Prozent der in den einzelnen Tätigkeitsgruppen Erfaßten)* (DUCKE und HÖLZLER 1974)

Tätigkeit	Aktivitäten der Produktionsarbeiter		
	Aktivitäten bei technischen und ökonomischen Fragen der Produktion	Einreichen von Neuerervorschlägen (innerhalb von 5 Jahren)	Gesellschaftspolitische Aktivität
Ungelernte manuelle Arbeit	12,5	31,2	18,7
Passive Kontroll- und Überwachungstätigkeit	38,6	24,7	29,7
Qualifizierte manuelle Arbeit	42,6	60,4	49,2
Maschinenarbeit ohne feststehendes technologisches Regime	47,8	54,4	43,6
Arbeit an automatischen Anlagen mit Einrichtertätigkeit	63,2	70,6	61,9

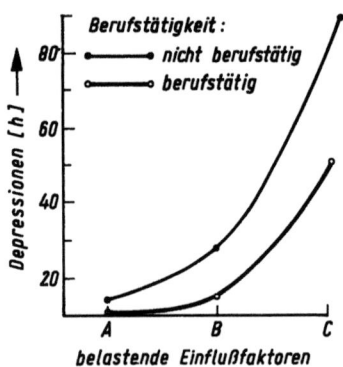

Abb. 7.6.: Arbeit als stabilisierender Einflußfaktor auf die psychische Gesundheit: Arbeit verringert das Depressionsrisiko bei den untersuchten Frauen, bei hohen Belastungen sogar um die Hälfte (BROWN und HARRIS 1978).
A keine belastenden Einflußfaktoren
B Schwierigkeiten im Privatleben
C — Schwierigkeiten im Privatleben
— frühzeitiger Mutterverlust
— drei und mehr Kinder

schaubarkeit, Vorhersehbarkeit und Beeinflußbarkeit der eigenen Tätigkeit, also nach der sogenannten Kontrolle.

Die Freiheitsgrade sind das wichtigste Merkmal einer gesundheits- und produktivitätsfördernden Arbeitsgestaltung. Sie sind nämlich nicht nur Voraussetzungen für das Nutzen der bereits erworbenen Fähigkeiten und für das Weiterlernen. Sie haben darüber hinaus auch eine Schlüsselfunktion für das Wohlbefinden und den psychophysiologischen Zustand sowie langzeitig sogar für die Möglichkeit des Auftretens von psychonerval bedingten Erkrankungen. Hier liegt trotz beträchtlicher interindividueller Unterschiede im Reagieren auf fehlende Freiheitsgrade ein allgemeingültiger Zusammenhang vor.

Bei Arbeit unter fehlenden Freiheitsgraden, z. B. bei völlig fremdgeregeltem Tempo und streng festgelegten Bewegungsformen, ist das erlebte Befinden gegenüber Durchschnittswerten verschlechtert, Ermüdung und Langeweile sind erhöht und die Anstrengungsbereitschaft ist reduziert. Die Ausscheidung von Neurohormonen in den beiden neuroendokrinen Teilsystemen, also die Adrenalin- und Noradrenalinausscheidung sowie die Kortisolausscheidung, ist erhöht.

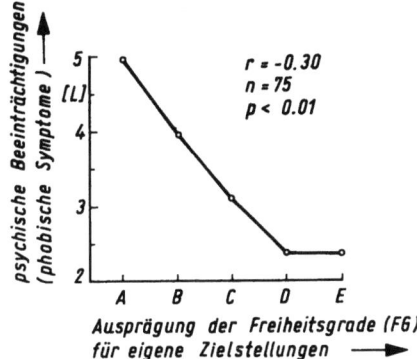

Abb. 7.7.: Beziehung zwischen Freiheitsgraden für eigene Zielstellungen in der langzeitig ausgeübten Arbeitstätigkeit und psychische Beeinträchtigungen (phobische Symptome) bei Industriearbeitern (RICHTER und ENGELMANN 1982). Der Zusammenhang ist nicht beeinflußt von Geschlecht, Qualifikation und objektivem Gesundheitszustand. Die Stichprobe ist altershomogen. Die Intelligenz (LPS HORN) hat Einfluß; nach ihrem Auspartialisieren ist $r = -0,21$ (signifikant).
A keine Freiheitsgrade
B zeitliche Freiheitsgrade
C Freiheitsgrade für Vorgehenswege und Mittel
D aufgabenbezogene Freiheitsgrade
E problembezogene Freiheitsgrade

Abb. 7.7. illustriert den Zusammenhang zwischen Freiheitsgraden für das Beeinflussen der eigenen Arbeitstätigkeit und der psychischen Gesundheit am Beispiel des Auftretens psychischer Beeinträchtigungen (phobischer Symptome) für eine Stichprobe von 75 älteren Industriearbeitern. Verwendet wurde dabei die Skala „Freiheitsgrade" des Tätigkeitsbewertungssystems TBS (vgl. hierzu die Abschnitte 7.6. und 9.2.).

Da Freiheitsgrade ausschlaggebend die Lernmöglichkeiten und Lernerfordernisse bestimmen, bestehen Zusammenhänge zwischen ihnen und dem Gesundheitszustand: Es gibt Hinweise auf gesundheitsfördernde Wirkungen von Lernerfordernissen.

In einer Stichprobe von Industriearbeitern ist der objektive, von Fachärzten für innere Krankheiten ermittelte Gesundheitszustand umso schlechter, je weniger Lernerfordernisse die ausgeübte Arbeitstätigkeit aufweist (RICHTER und ENGELMANN 1982). Für $n = 100$ beträgt die Korrelation $r = -0,28$, d. h. $p < 0.01$; der Zusammenhang für die altershomogene Stichprobe ist nicht vom Geschlecht oder der Qualifikation beeinflußt. Bei der Untersuchung wurde die Skala „Lernerfordernisse" des TBS verwendet (vgl. hierzu die Abschnitte 7.6. und 9.2.).

Weitere Stützungen geben alterspsychologische Längsschnittuntersuchungen. Fordernde Arbeitstätigkeiten stabilisieren bei organisch gesunden Menschen die psychische Gesundheit, erhalten die Leistungsfähigkeit bis zum 7. und 8. Lebensjahrzehnt. Sogar eine lebensverlängernde Wirkung ist zu vermuten (BROSSEAU 1978, LABOUVIE-VIEF und GONDA 1976, SCHAIE 1980).

Das Entscheidende ist, daß hierbei nicht Verschlechterungen vorliegen, die bei jeder anstrengenden Tätigkeit entstehen können, sondern daß ein spezieller Anteil der Befindens- und Zustandsverschlechterungen dem Erleben fehlender Freiheitsgrade für die Tätigkeit, also ungenügenden Entscheidungs- und Beeinflussungsmöglichkeiten des eigenen Vorgehens, geschuldet ist. Das engagierte Erfüllen von Aufgaben bei uneingeschränkten Freiheitsgraden führt zu qualitativ andersartigen kurzzeitigen Reaktionsmustern des Organismus als bei fehlenden Freiheitsgraden: Während die Adrenalin- und Noradranalinausscheidung erwartungsgemäß steigen, sinkt bei uneingeschränkter „Kontrolle" die Kortisolausscheidung sogar unter die Ruhewerte ab; Müdigkeit oder Erregung sind nicht gesteigert (FRANKENHAEUSER 1978; Abb. 7.8.).

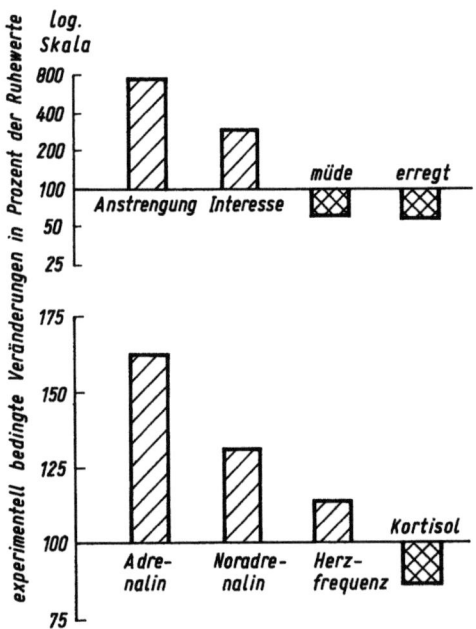

Abb. 7.8.: Mittlere Veränderungen gegenüber den Ruhewerten in Erlebensvariablen (oberes Diagramm) und physiologischen Variablen (unteres Diagramm) in einer Leistungssituation, die durch hohe Kontrollierbarkeit und „zuversichtlichen Einsatz für die Aufgabe" gekennzeichnet ist (FRANKENHAEUSER, LUNDBERG und FORSMAN, zit. nach FRANKENHAEUSER 1978). Die Probanden erfüllten Wahlreaktionsaufgaben bei einem von ihnen bevorzugten Tempo.

Eine hohe Anforderungsintensität geht bei gegebenen Freiheitsgraden mit signifikant geringeren Befindens- und Eigenzustandsbeeinträchtigungen und mit weniger Langzeitfolgen, die einen potentiellen Krankheitswert besitzen, einher als bei eingeschränkten Freiheitsgraden (KARASEK 1979).

Es liegt nahe zu vermuten, daß derartige Arbeitsanforderungen zur Stabilisierung der psychischen Gesundheit beitragen können.

Umgekehrt ist nach derzeitigem Wissen bei einem langzeitigen Arbeiten unter unzureichenden oder gar völlig fehlenden Freiheitsgraden das gehäufte Auftreten psychonerval bedingter Erkrankungen wahrscheinlich. Mögliche Vermittlungsglieder zwischen dem Tätigkeitsmerkmal und den Erkrankungen wurden im Abschnitt zur Schädigungslosigkeit bereits skizziert.

7.4. Quantifizierbare Merkmale persönlichkeitsförderlicher Arbeitsgestaltung

Welche operationalisierbaren und quantifizierbaren Tätigkeitsmerkmale können der Bewertung zugrunde gelegt werden?

Die zu benutzenden Merkmale sind aus Analysen der Anforderungen an die psychische Regulation der Arbeitstätigkeiten abzuleiten.

a) Möglichkeiten zur Nutzung und Erweiterung kognitiver, insbesondere intellektueller Fähigkeiten, nämlich
— Zeitanteil an der Fertigung, getrennt nach reaktiver und antizipativer Beteiligung,
— Häufigkeitsanteil und Zeitanteil von Arbeitsabschnitten mit intellektuellen (gegenüber sensomotorischen und perzeptiv-begrifflichen) Anforderungen, differenziert nach Unterarten und Unterniveaus beim eingearbeiteten Arbeiter und der eingefahrenen Produktionsanlage im Normallauf;
— intellektuelle Orientierungs- und Kontrolleistungen (diagnostische Leistungen):
• Verschlüsseln/Entschlüsseln von Informationen,
• Beurteilen/Bewerten/Auswählen,
• Vergegenwärtigen unanschaulicher oder unzugänglicher Beziehungen,
• Ableiten/Erzeugen erforderlichen Wissens;
— intellektuelles Entwerfen von Handlungen (prognostische Leistungen):
• Zielableitung ⎫ differenziert nach algorithmischen oder
• Mitteleinsatz ⎬ selbständigen oder schöpferischen An-
• Wegfestlegung ⎭ forderungen.

Die enthaltenen Entscheidungserfordernisse sollten ihrer Bedeutung wegen nochmals getrennt berücksichtigt werden:
— Häufigkeit von Entscheidungserfordernissen, differenziert nach
• Selbständigkeitsgrad,
• Umfang zu berücksichtigender Bedingungen,
• Folgen.

Abb. 7.9. stellt kognitive Anforderungen verschiedener Montagetätigkeiten in der elektrotechnischen Industrie quantifizierend gegenüber (zur methodischen Problematik vgl. HACKER 1979).

In den meisten Tätigkeitsklassen sind Anforderungen an selbständige intellektuelle Leistungen in Vorbereitungs-, Organisations-, Kontroll- und Wartungstätigkeiten mit höherer Wahrscheinlichkeit enthalten als in den unmittelbar fertigenden Tätigkeiten. Dabei geben die Dauer und die Häufigkeit dieser Tätigkeiten erste Abschätzungsmöglichkeiten. Zum gleichen Zwecke kann die Häufigkeit des erzeugnis-

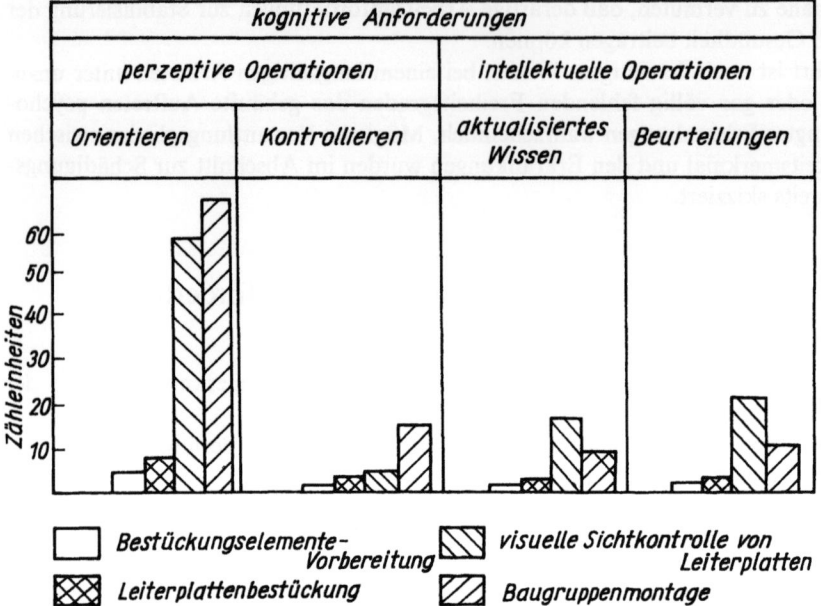

Abb. 7.9.: Vergleichende Profile ausgewählter kognitiver Anforderungen bei Montagetätigkeiten in der elektronischen Industrie (nach HACKER, MATERN, RICHTER und SCHMIDT 1978).

oder organisationsbedingten Wechsels zwischen Aufgaben herangezogen werden, sofern damit auch zeitweilig — bis zur erneuten psychischen Automatisierung — intellektuelle Anforderungen entstehen.

Ist das Qualifikationsniveau der Werktätigen, die diese Tätigkeit künftig ausführen, bekannt, so empfiehlt sich ein Vergleich des Qualifikations- mit dem Anforderungsprofil. Zur Bewertung können herangezogen werden:
— das Verhältnis von vorhandenen zu den genutzten Befähigungsbereichen und
— der Zeitanteil von Arbeitsabschnitten mit Lernerfordernissen, differenziert nach den betroffenen Regulationsebenen. Die Inanspruchnahme von nur geringen Anteilen der Qualifikation ist als ein Hinweis auf fragliche Persönlichkeitsförderlichkeit aufzufassen.

Für die Bewertung des ersten Aspekts der Persönlichkeitsförderlichkeit gibt es noch keine Norm- oder Grenzwerte. Für ein qualitatives, kategoriales Bewerten ist in Erinnerung zu bringen:

Fähigkeiten entwickeln bzw. erhalten sich durch jene Tätigkeiten, für deren Erfüllung sie Voraussetzung sind. Die Entwicklung Erwachsener ist vorzugsweise eine Entwicklung tätigkeitsregulierender sprachgebundener intellektueller Funktionen. Es folgt: Fehlen diese Tätigkeiten innerhalb des regelmäßig zu erledigenden, übertragenen Arbeitsauftrags eines erfahrenen Bearbeiters, so werden sich die fraglichen Fähigkeiten altersabhängig zurückbilden. Tätigkeiten ohne Freiheitsgrade für das Entwerfen als selbständige intellektuelle Mittel-Weg-Festlegung und diesbezügliche Vornahmemöglichkeiten auf der Basis selbständiger, nicht voll regelgebundener diagnostischer Operationen sind nicht persönlichkeitsförderlich, sondern enthalten die

Gefahr des Verminderns kognitiver Leistungsvoraussetzungen. Eine Aufstellung derartiger Anforderungsmuster findet sich in Abschnitt 7.5.

Hierzu gehören auch kognitive Routineleistungen, nämlich Leistungen ohne Freiheitsgrade und mit geringer Komplexität und mithin häufiger, gleichförmiger Wiederholung bzw. seltenem Auftreten von Leistungserfordernissen. Ein Beispiel ist das fortlaufende Ver- oder Entschlüsseln mit dem entsprechenden Behalten nach festen Regeln. Damit bestehen fließende Übergänge zu Beeinträchtigungen durch Unterforderung im Sinne von Monotoniezuständen bzw. psychischer Sättigung (vgl. dazu den Abschnitt „Beeinträchtigungslosigkeit").

Die Abgrenzung der Erhaltung persönlichkeitszentraler Leistungsvoraussetzungen von ihrer tatsächlichen *Weiter*entwicklung ist nicht anhand von Tätigkeitsmerkmalen allein möglich, sondern erfordert das Gegenüberstellen vorhandener und geforderter Leistungsvoraussetzungen mit dem Ziele des Aufdeckens von bleibenden, fähigkeits- und einstellungsbezogenen Lernerfordernissen. Liegen diese vor, so ist Persönlichkeitsförderlichkeit im engeren Sinne bezüglich des hier bewerteten Aspekts gegeben.

b) Die soziale Kooperation kann bereits durch das Zuordnen der Tätigkeit zu Einzelarbeit oder zu einem der drei Kooperativverbandstypen grob bewertet werden. Nach dieser Einordnung in Einzelarbeit, Raumverbände, Sukzessivverbände oder Integrativverbände mit starrer bzw. flexibler Aufgabenteilung sind die notwendigen Kooperationsstrukturen und deren Kommunikationsinhalte abzuschätzen. Ein geeignetes Verfahren ist bei der Bewertung innerhalb der korrektiven Arbeitstätigkeitsgestaltung das Erfassen der Häufigkeit und Dauer sowie der Inhalte von Kooperationserfordernissen sowie von Kommunikationsmöglichkeiten. Bei der projektiven Gestaltung ist eine bewertende Abschätzung künftiger Kooperations- und Kommunikationsmöglichkeiten mit einer angepaßten Soziogrammtechnik möglich. Normwerte sind bisher nicht bekannt. Zur Bewertung ist daher vorläufig folgendes zu berücksichtigen:

Sozial isolierte Arbeit während des überwiegenden Teils der Schicht und Arbeit in Sukzessivverbänden mit stark reduzierten oder reglementierten Kommunikationsmöglichkeiten haben sich als hinderlich für die Entwicklung kollektivbezogener Einstellungen und Verhaltensweisen sowie die Befriedigung des Bedürfnisses nach sozialer Geborgenheit erwiesen (ULICH 1974, STROHBACH 1975). Bei ihrem Vorliegen kann eine Arbeitstätigkeit mithin nicht als persönlichkeitsförderlich bewertet werden.

c) Die Möglichkeiten zu eigenständigen Zielstellungen oder Vornahmen sind nicht ablösbar von denen zur intellektuellen Selbstorganisation der Arbeit. Beide sind ein Ausdruck bestehender Freiheitsgrade. Wegen des ausführungs- und antriebsregulatorischen Doppelcharakters von Zielen sind sie das entscheidende Kettenglied für das Ermöglichen intrinsischer Arbeitsmotivierung.

Ein auszählbares Merkmal ist die Häufigkeit des Auftretens von Zielen. Die qualitativ verschiedenen Möglichkeiten sind:
— Fehlende Möglichkeit zur Entwicklung auftragsbezogener eigener, mit Freiheitsgraden ausgestatteter Ziele

Beispiel: Hochgradig zergliederte Fließbandmontage mit strikten Arbeitsanweisungen. Für ein sophistisches Denken erscheinen auch hier noch kleine Ziele durchaus möglich. Untersuchungen zeigen aber, daß keine arbeitsbezogenen Ziele mit der Qualität bewußter Vornahmen von den Werktätigen aufgestellt werden (DAHMS 1976, ROTHE 1978).

— Zeit- bzw. mengenbezogene Ziele

Beispiel: Individuelle Teilmengenverteilung über die Schicht. Der Werktätige nimmt sich beispielsweise vor, bis zur Frühstückspause 100 Stück herzustellen.

— Gegenstands- bzw. (bei der Prozeßregulation) prozeßphasenbezogene Ziele

Beispiel: Vornahmen zur Bearbeitungsabfolge von Gegenständen oder von Prozeßparametern.

— Aufgabenbezogene Ziele

Beispiel: Vornahmen zu Ausführungsweisen, zum Mitteleinsatz, zum Aufbau von Teilzielabfolgen als Zwischenetappen.

— Problembezogene Ziele

Beispiel: Einzusetzende Mittel und/oder Wege zur Produkterzeugung müssen zunächst ermittelt werden (Lösen eines Problems als Ziel), bevor sie eingesetzt werden (Herstellen des Produkts bzw. des Prozeßzustands als Ziel). Ziel kann also nicht nur das Ergebnis sein, sondern auch das Finden eines Weges zum Erzeugnis.

Fehlende Möglichkeiten zu eigenständiger, auftragsbezogener Zielstellung können nicht als persönlichkeitsfördernd bewertet werden. Allein zeit- bzw. mengenbezogene Zielstellungen tragen zwar zur Monotonieverhütung bei und motivieren im Sinne des Gliederungsantriebs, über einen Beitrag zur fördernden Erhaltung geistiger Fähigkeiten ist jedoch nichts bekannt. Die alleinige Existenz von zeit- bzw. mengenbezogenen Zielstellungsmöglichkeiten sollte daher gleichfalls nicht als persönlichkeitsförderlich bewertet werden. Ob aufgaben- bzw. prozeßphasenbezogene Zielstellungsmöglichkeiten nur das Erhalten oder auch das weitere Entwickeln von Persönlich-

Tab. 7.2.: *Gegenüberstellung ursächlicher Leistungskennzeichen für zwei Teilkollektive mit Normüber- und Normuntererfüllung*

Leistungskennzeichen	Werktätige mit langzeitiger	
	Normüber-erfüllung	Normunter-erfüllung
Stellen eines ablauforganisierenden täglichen Zieles der Normerfüllung	100	57% der Population
Schöpferische Verbesserung der vorgegebenen Arbeitsanweisungen (für das Rüsten)	77	50% der Population
Einreichen von Verbesserungsvorschlägen	69	15% der Population
Benötigter Anteil der leistungsbestimmenden Vorbereitungs- und Abschlußzeit (t_A: Vorbereitung, Planung, Rüsten, Kontrolloperationen)	74,6	99,4% der Vorgabezeit
Dreher mit höchster Normerfüllung [112,7%]	41,5	
Dreher mit niedrigster Normerfüllung [74,0%]		139,0% der Vorgabezeit

Tab. 7.3.: *Normerfüllung bei Neuerern und Nichtneuerern in einer Mikromontage-Abteilung eines Elektronikbetriebs (Angaben in %; JESSE 1978)*

	Juli	August	Sept.	Okt.	Nov.	Dez.
Gesamtkollektiv	100,7	103,2	101,3	102,5	102,0	105,6
Neuerer	102,2	105,4	104,3	106,9	106,1	107,6
Nichtneuerer	99,2	101,0	98,4	98,1	98,0	103,7

keitseigenschaften ermöglichen, ist nicht ohne Analyse des Verhältnisses von Qualifikations- und Anforderungsprofil entscheidbar.

Tab. 7.2. und 7.3. zeigen zum Beleg dieser Notwendigkeit, wie objektiv gleiche Freiheitsgrade von Werktätigen mit unterschiedlicher Beherrschung der Tätigkeit (trotz gleicher Schul- und Berufsausbildung) und unterschiedlicher Motivierung auch verschieden genutzt werden.

Die Frage nach *Kompensationsmöglichkeiten* zwischen aufgabenbedingter Forderung intellektueller Fähigkeiten, Kooperations- und Zielstellungsmöglichkeiten überfordert das derzeitige Wissen. Jedoch erscheint in Anbetracht der qualitativ unterschiedlichen Persönlichkeitsbereiche (Fähigkeiten, übernommene soziale Normen, tätigkeitsinterne Motivierung) eine Kompensation wenig wahrscheinlich.

7.5. Vorgehen zur Erfassung der Merkmale

Welches Vorgehen ist zur Gewinnung der zu bewertenden Daten zu wählen?
1. Die Grundzüge einer von *Arbeitsstudien* ausgehenden Bewertungsmethodik wurden ebenso wie die zugrunde gelegte Konzeption der hierarchischen *psychischen Regulation* von Arbeitstätigkeiten, deren Beziehungen zu Persönlichkeitseigenschaften und verwendete spezielle arbeits- und ingenieurpsychologische Begriffe anderweitig dargestellt (HACKER 1980; Text 3 MATERN 1983).
2. Bereits beim derzeitigen Erkenntnisstand lassen sich Anforderungen benennen, die zur Nutzung und Weiterentwicklung vorhandener körperlicher und insbesondere geistiger Leistungsvoraussetzungen einschließlich tätigkeitsbedingter, sogenannter intrinsischer Arbeitsmotivierung *besonders wenig* beitragen und daher auch gehäuft im Zusammenhang mit Dequalifizierungserscheinungen — wenn nicht sogar mit Befindensbeeinträchtigungen — auftreten. Das sind
— Nutzung überwiegend sensomotorischer Leistungsmöglichkeiten des Menschen bei genormten Bewegungsmustern, fremd vorgegebenem Arbeitstempo und eventuell sogar Zeitdruckerleben;
— bis in Einzelheiten im voraus festgelegte, fremdbestimmte Arbeitsmethoden, ohne bzw. mit wenigen Freiheitsgraden, eventuell zusätzlich mit geringem erkennbaren Beitrag zu einem gesellschaftlich bedeutsamen Ergebnis;
— ständige kurzzyklische Wiederholungen gleichartiger Verrichtungen;
— hohe Aufmerksamkeitsanforderungen ohne bzw. mit geringen Verarbeitungserfordernissen, insbesondere bei unvorhersehbaren Ereignissen und dem Erfordernis rascher Beantwortung;

— mangelnde Möglichkeiten zu sozialem Kontakt während der Arbeit und zu gesellschaftlichen Aktivitäten neben dem Arbeitsauftrag (isolierte Arbeit).

Verstärkend können sich auswirken
— ungünstige Möglichkeiten zu familiärer, sozialer und kultureller Freizeitaktivität im Zusammenhang mit komplizierten Schichtlage- oder Arbeitswegproblemen;
— Arbeit ohne ausreichende tätigkeitsinterne und soziale, positive bzw. negative Leistungsrückmeldung (vgl. MEISTER 1968, GARDELL 1977, FRANKENHÄUSER 1978).

Auf diesen Grundlagen wird es möglich, Bewertungshilfsmittel zu konzipieren.

3. Ohne auf das Befragen nach dem Erleben zu verzichten, muß die einzusetzende Methodik im wesentlichen auf *Arbeitsstudien*, also der Beobachtungsmethodik, beruhen. Befragungsverfahren allein sind mit beträchtlichen Nachteilen verbunden:

Zwischen Befragungsergebnissen und den objektiven Auswirkungen von Arbeitsbedingungen bestehen vielfach nur geringe oder mehrdeutige Beziehungen. So korrelieren verschiedene Zufriedenheits- und Leistungsmaße zwar signifikant schwach positiv ($r = 0{,}3$), klären aber damit weniger als 10% der gemeinsamen Varianz auf (von ROSENSTIEL 1975).

Beim Erfassen der erlebten individuellen Bewertung von Arbeitstätigkeiten mittels Befragung sind wesentliche Kovariable zu beachten (NACHREINER, WUCHERPFENNIG, ERNST und RUTENFRANZ 1976), nämlich
— Alter, Bildungsstand, allgemeine Intelligenz, Extraversion der Befragten,
— Art des Erlebens (der „Kognition" bzw. „Attribuierung") der Arbeitssituation durch den Befragten, speziell hinsichtlich Monotonie, psychischer Sättigung, dem eigenen Beitrag zum Gesamtprodukt, den Entscheidungsmöglichkeiten, der Inanspruchnahme von Fähigkeiten und der Gruppenbildung. Eine anspruchslose Tätigkeit wird um so weniger kritisch eingeschätzt, je länger sie bereits ausgeführt wurde (Anspruchsniveau-Verschiebung).

Für betriebspraktische Bedingungen dürfte das Abtrennen dieser Kovariablen zum Zwecke der Bewertung der wahren, objektiven Tätigkeitsstruktur kaum zu leisten sein. Hinzu kommt, daß auch der Vorhersagewert der Befragungsergebnisse über das Zurechtkommen mit verbesserten Tätigkeitsstrukturen begrenzt ist, man nicht selten nach dem Kennenlernen anspruchsvollerer neuerer Aufgaben später rückschauend die alten anspruchslosen wesentlich negativer beurteilt als vor der Erweiterung des eigenen Erfahrensbereichs.

Ein differenziertes standardisiertes Befragungsverfahren ist das JDS- (Job-Diagnostic-Survey) Verfahren. HACKMAN und OLDHAM (1974) entwickelten und standardisierten den „Job-Diagnostic-Survey — ein Instrument für die Diagnose von Tätigkeiten und die Bewertung von Projekten zur Tätigkeitsumgestaltung". Dieses mehrteilige Befragungssystem ermittelt:

1. die Tätigkeitsmerkmale, insbesondere im Hinblick auf das Ausmaß, in dem sie die Arbeitsmotivation und die Tätigkeitszufriedenheit steigern;
2. die gefühlsmäßigen Reaktionen der Arbeitenden auf ihre Tätigkeiten und die Ausführungsbedingungen;
3. die Bereitschaft zu positiven Reaktionen auf Tätigkeiten, die ein hohes Ausmaß tätigkeitsbedingter Arbeitsmotivation zu erzeugen vermögen, im Sinne der Selbstentwicklung.

Mit dem letzten Komplex berücksichtigen sie eine Moderatorvariable der Wirkung von umgestalteten, bereicherten Arbeitstätigkeiten. Fünf objektive Kern- und zwei zusätzliche Dimensionen der Tätigkeit bestimmen die personalen (Motivation, Befriedigung), effektivitätsseitigen (Leistungen,

Fluktuation, Arbeitszeitausfall) und Tätigkeitsauswirkungen vermittelt über drei ausschlaggebende psychische Zustände (erlebte Bedeutung der Arbeit, Verantwortung für Arbeitsergebnis, Rückmeldung der Tätigkeitsergebnisse). Diese für unser Bewertungsanliegen interessanten Tätigkeitsdimensionen sind:
— Tätigkeitsvielfalt (Müssen Sie vieles Verschiedene tun und dabei eine Vielfalt Ihrer Fähigkeiten und Fertigkeiten [Skills and Talents] nutzen?);
— Aufgabengeschlossenheit (Betrifft Ihre Tätigkeit ein komplettes Stück Arbeit mit einem erkennbaren Anfang und Ende oder nur einen kleinen Teil, welches von anderen oder Automaten fertiggestellt wird?);
— Aufgabenbedeutung (Beeinflussen Ihre Arbeitsergebnisse wesentlich Leben oder Wohlbefinden anderer?);
— Selbständigkeit (In welchem Ausmaß erlaubt Ihre Tätigkeit selbständig über das Ausführen zu entscheiden?);
— tätigkeitsinterne Rückmeldung (Gibt das Ausführen der Tätigkeit selbst Information über die Ausführungsgüte?);
sowie zusätzlich — wegen ihrer Hilfe beim Verständnis von Tätigkeitswirkungen —:
— Kooperation (In welchem Ausmaß erfordert Ihre Arbeit enges Zusammenarbeiten mit anderen?);
— soziale Rückmeldung (In welchem Umfang geben Ihnen Vorgesetzte oder Kollegen zu wissen, wie gut Sie arbeiten?).
Das sogenannte Gesamtmotivierungspotential (MPS) einer Tätigkeit wird aus den Kerndimensionen ermittelt nach der Formel

$$\text{MPS} = \left[\frac{\text{Tätigkeits-vielfalt} + \text{Aufgaben-geschlossenheit} + \text{Aufgabenbedeutung}}{3} \right] \times \left[\text{Selbständigkeit} \right] \times \left[\text{tätigkeitsinterne Rückmeldung} \right].$$

Abb. 7.10. veranschaulicht das entstehende JDS-Profil für eine „gute" (A) und eine „schlechte" (B) Tätigkeit. Dem Charakter eines Fragebogens entsprechend werden nur die personalen Tätigkeitsauswirkungen mittels Schätzurteilen der Arbeitenden erfaßt, also allgemeine und spezielle Zufriedenheitswerte sowie tätigkeitsbedingte Arbeitsmotivation (Internal Work Motivation).

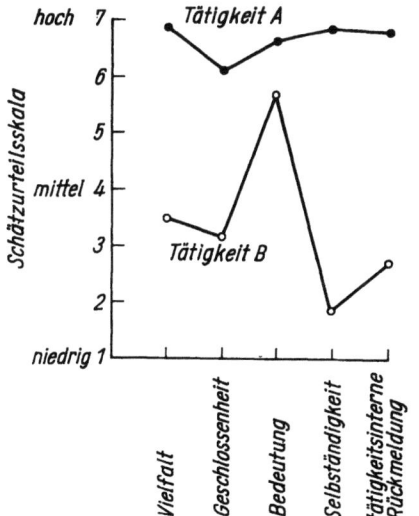
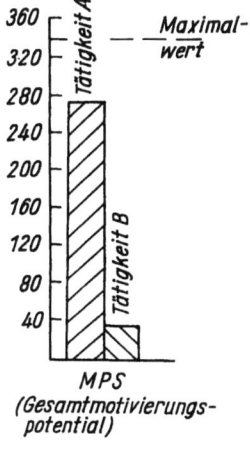

Abb. 7.10.: Das JDS-Profil für eine „gute" und eine „schlechte" Tätigkeit (HACKMAN und OLDHAM 1974, S. 33).

Das Verfahren ist somit ein Erlebenserfassungssystem, mit dem Vorteil, die erlebten Tätigkeitseigenschaften und eine wesentliche personale Moderatorvariable einzubeziehen. Dem steht der Nachteil gegenüber, daß keine objektive Anforderungs- und Arbeitsauswirkungsanalyse betrieben wird. Wir wir sahen, klären die hier dominierenden Zufriedenheitsbefragungen einen außerordentlich geringen Anteil der Leistungsvarianz auf. Des weiteren gibt der JDS keine Norm- oder Grenzwerte an, erlaubt also nur relationale Bewertungen auf Ordinalniveau im Sinne eines „besser" oder „schlechter".

Die erzielbaren Ergebnisse fallen in Begriffen an, die das Ableiten von konkreten Gestaltungsmaßnahmen für den Ingenieur wegen der Weite oder der Vagheit dieser Begriffe erschweren.

Weitere Einwände richten sich gegen die einbezogenen Tätigkeitsmerkmale und die Art ihrer Verknüpfung und damit auch ihrer Gewichtung (vgl. beispielsweise POKORNEY, GILMORE und BEEHR 1980; TERBORG und DAVIS 1982), gegen das Denkmodell, welches ein Wirken der Tätigkeitsmerkmale vermittelt über drei „psychische Zustände" annimmt, sowie auch gegen die Rolle der Moderatorvariable „Ausmaß der Bereitschaft zur Selbstentwicklung" (growth need strength) (z. B. SCHMIDT, KLEINBECK u. a. 1981; SCHMIDT, SCHWEISSFURTH u. a. 1981). Insbesondere schließlich orientiert das JDS-Verfahren auf Tätigkeitsmerkmale, welche die Zufriedenheit und Motivation für hohe Leistungen bestimmen. Die persönlichkeitsförderliche Arbeitsgestaltung geht mit ihrem Anliegen des Eröffnens von Lernmöglichkeiten darüber hinaus.

Arbeitsstudien als eine Form wissenschaftlich gelenkter Beobachtung können auch nicht durch das *Befragen sogenannter Experten* über Arbeitstätigkeiten ersetzt werden (FRIELING 1977, MEISTER 1976, McCORMICK u. a. 1969, THEOLOGUS u. a. 1970). Wiederholt erwies sich nämlich, daß nicht die Technologen, Meister oder Arbeitswissenschaftler, sondern die Arbeiter selbst die sachkundigen Experten für ihre Arbeitstätigkeiten sind. Jedoch ist gerade beim geübten Arbeiter nur noch ein Teil der wesentlichen tätigkeitsregulierenden Sachverhalte bewußtseinsfähig und mithin auf Befragen aussagbar.

4. Daher wurde ein Hilfsmittel für das Erleichtern des Erfassens und Bewertens von objektiven Tätigkeitsmerkmalen bzw. Anforderungen mittels Arbeitsstudien entwickelt. Dieses „Tätigkeitsbewertungssystem (TBS)" soll feststellen helfen, ob und gegebenenfalls mit welcher Dringlichkeit Arbeitsaufträge unter dem Aspekt der Persönlichkeitsförderlichkeit umgestaltet werden müssen. Der Anhang (9.2.) stellt die Dimensionen zusammen. Damit wird ein Hilfsmittel für das Durchführen und Auswerten von Arbeitsstudien angegeben, die zu Entscheidungen über die Veränderungsbedürftigkeit arbeitsgestalterischer Lösungen hinsichtlich ihrer entwicklungsfördernden Wirkungen auf die Arbeitenden führen sollen.

7.6. Analyse und Bewertung von Arbeitsaufträgen bzw. -tätigkeiten hinsichtlich ihrer persönlichkeitsförderlichen Gestaltung mittels Arbeitsuntersuchungen

Arbeitsuntersuchungen bestehen aus Untersuchungen der Aufträge und ihrer Ausführungsbedingungen, also den sogenannten Auftragsanalysen, und aus den Arbeitsstudien als gesprächsgestützten Beobachtungen oder Selbstaufnahmen der ausgeführten Arbeitstätigkeiten. Auftragsanalysen können auch bei noch nicht existierenden, projektierten Arbeitstätigkeiten durchgeführt werden. Arbeitsstudien dagegen sind erst dann möglich, wenn die Arbeitstätigkeiten bereits ausgeübt werden.

Auch zum Untersuchen der persönlichkeitsförderlichen Gestaltung von Arbeitsprozessen ist das Vier-Stufen-Schema der psychologischen Arbeitsuntersuchung geeignet (HACKER 1978; MATERN 1983). Es umfaßt in der Reihenfolge der zunehmend mehr zu Einzelheiten vordringenden, hypothesengeleitet einengenden Bearbeitung folgende Schritte:

1. Analyse des Auftrags und seiner Ausführungsbedingungen.
Untersuchungsgegenstände sind hier u. a. technologische Unterlagen einschließlich Arbeitsnormen, Arbeitsanweisungen, Bedienanleitungen, Arbeitsschutzanordnungen, Arbeitsplätze, Arbeitsmittel oder Arbeitsgegenstände. Erläuterungen durch Konstrukteure, Technologen oder Arbeitsvorbereiter sind in der Regel erforderlich.

Falls die Untersuchungen in der Phase der projektierenden Arbeitsgestaltung erfolgen, ist dieser erste Schritt neben Arbeitsstudien bei vergleichbaren, bereits existierenden Tätigkeiten mit ihren Auswirkungen auf die Arbeitenden, also z. B. auf Neuereraktivitäten oder auf die Fluktuation, die ausschlaggebende Datenbasis. Im Falle von Untersuchungen bei bereits ausgeübten Tätigkeiten, also in der korrigierenden Arbeitsgestaltung, ergeben die Ergebnisse dieses ersten Schritts zugleich einengende Hypothesen für den nächsten:

2. Psychologische Arbeitsablaufstudien („Schichtaufnahmen").
Diese Arbeitsablaufstudien dienen vorwiegend dem Erfassen der tatsächlichen Tätigkeitsabläufe einschließlich ihrer Zeitanteile und Häufigkeiten. In ihrem Ergebnis müssen die leistungsbestimmenden Teiltätigkeiten ermittelt worden sein.

3. Psychologische Tätigkeits(detail)studien.
Die psychologischen Tätigkeitsstudien konzentrieren sich auf die anforderungsbestimmenden Abschnitte und dienen vorwiegend dem Ableiten der erforderlichen psychischen Vorgänge, Repräsentationen (z. B. Kenntnisse) oder Eigenschaften.

Diese Untersuchungen müssen quasiexperimentell — im Sinne eines „umgekehrten Experiments" — angelegt sein, um die erforderliche Kontrolle der Kovariablen zu sichern. Die quasiexperimentelle Untersuchungsplanung ist ein Teilgebiet der Methodik der Untersuchungsplanung; vgl. z. B. COOK und CAMPBELL 1976.

Zum Klären vorliegender kognitiver Einzelanforderungen kann ein weiterer Schritt erforderlich werden, der für das hier behandelte Anliegen jedoch die Ausnahme sein dürfte:

4. Feldexperimentelle Analyseschritte.
Die Arbeitsstudien (Stufen 2 und 3) schließen Gespräche zur Datenerweiterung ein; sie können in Form der Gruppendiskussion besonders effektiv sein. Arbeitsstudien können vielfach wenigstens teilweise als Selbstaufnahmen durch die Arbeitenden selbst ausgeführt werden, welche die größte Sachkenntnis sowie in der Regel auch arbeitswissenschaftliche Grundkenntnisse besitzen. Dabei sollten ihnen zur Erleichterung Analysehilfsmittel bereitgestellt und Beratungen angeboten werden. Bewährte kollektive Organisationsformen sind Neuererkollektive und Kollektive zu den Aufgaben der Arbeitsorganisation (WAO) mit vertraglich vereinbarten Aufgaben und finanziellen Anerkennungen.

Arbeitsuntersuchungen zur Analyse und Bewertung der *persönlichkeitsförderlichen Arbeitsgestaltung* müssen mindestens folgende Sachverhalte erfassen:
— Tätigkeitsmerkmale, welche die *Vollständigkeit* bzw. Unvollständigkeit der Tätigkeitsstruktur bestimmen. Sie ergeben sich aus der Technologie, aus der Funktionsteilung zwischen Mensch und Arbeitsmitteln einschließlich Programmen und aus der

Arbeitsteilung bzw. -kombination. Die Konzeption der „vollständigen Tätigkeit" ist ein Bestandteil der sogenannten Psychologie der Tätigkeit (zur näheren Information hierzu vgl. HACKER 1980 im Anschluß an VOLPERT 1980, 1982).
— als ein besonderer Teil dieser Merkmale die erforderlichen und die möglichen *Kooperationen und Kommunikationen* und
— die *Einflußmöglichkeiten* auf den Arbeitsprozeß als Quelle von Verantwortung;
— die erforderlichen *psychischen Teilleistungen* und Gedächtnisrepräsentationen sowie
— die *geforderte Qualifikation* (als erste Näherung an die tatsächlich vorhandene) *im Verhältnis zur* tatsächlich für die Tätigkeit *benötigten* und in ihr genutzten Qualifikation.

Das wenigstens annähernde Einbeziehen der Qualifikationen ist unerläßlich, weil jede Entwicklung von Leistungsvoraussetzungen abhängt vom Verhältnis der vorhandenen zu den erforderlichen und nutzbaren Leistungsvoraussetzungen.

Arbeitsuntersuchungen, die sich auf *objektive* Tätigkeitsmerkmale konzentrieren, können nur *Behinderungen* der Entwicklung ausgewählter Leistungsvoraussetzungen und Möglichkeiten oder *Angebote* für diese Entwicklung erfassen. Der Grund hierfür ist, daß die durch bestimmte objektive Tätigkeitsmerkmale tatsächlich ausgelösten Entwicklungen stets zugleich auch abhängen von den Eigenschaften der jeweils tätigen Menschen. Das Beseitigen solcher möglichen Behinderungen und das Erweitern der Entwicklungsangebote für breite Adressatengruppen ist das Anliegen einer persönlichkeitsförderlichen Arbeitsgestaltung.

Ein Hilfsmittel für das Durchführen und Auswerten derartiger Arbeitsstudien ist das Tätigkeitsbewertungssystem TBS. Im Anhang ist die Endform seiner Merkmale aufgeführt. Zu dem Verfahren gehören des weiteren ein Handbuch, Darstellungen der Gütekriterien und der Bewertungsvorschläge. Das Verfahren soll weder Arbeitsstudien ersetzen, noch eine Urteils- oder Schätzliste (Checklist) darstellen, in welche ohne nähere Untersuchungen die nicht nachprüfbaren Eindrücke sogenannter Experten einzutragen wären.

Vergleichbare Anliegen verfolgt das Verfahren zur Erfassung regulationsrelevanter Arbeitsanforderungen (VERA von VOLPERT und Mitarbeiter 1982).

Das TBS ist ein *Bestandteil eines Verfahrenssystems* in zweifacher Hinsicht:
— Es setzt das Sichern von Ausführbarkeit, Schädigungslosigkeit und Beeinträchtigungsfreiheit voraus und darf nur im Zusammenhange mit hierfür geeigneten Verfahren verwendet werden, sofern die Persönlichkeitsförderlichkeit mit ihm bewertet wird.
— Es besteht aus der Basis- oder Langform (TBS-L) für wissenschaftliche und hochdetaillierte Anliegen und aus einer Gruppe abgeleiteter tätigkeitsklassenspezifischer Kurzvarianten für praktische bzw. wissenschaftlich eng umschriebene Anliegen (TBS-K-Varianten). Diese TBS-K-Varianten liegen vor für Montage- und Bedientätigkeiten in der elektrotechnischen Industrie, der Leichtindustrie, dem Bauwesen und der Schwerindustrie (Gießereien). Weitere Varianten für Handels- sowie für Verwaltungstätigkeiten stehen vor dem Abschluß. Ihre Verbreitung liegt in der Hand der jeweiligen Entwicklungspartner in den Wirtschaftszweigen.

Zur ergänzenden Erfassung der erlebten und bewerteten Tätigkeitsmerkmale wurde das Verfahren zur subjektiven Tätigkeitsbewertung STB entwickelt (NEHRING 1982).

Die Untersuchungsergebnisse des TBS werden normiert zwischen 0 und 1 dargestellt und zwar als Gesamtpunktzahl des Verfahrens, als cluster- oder verfahrensteilbezogene

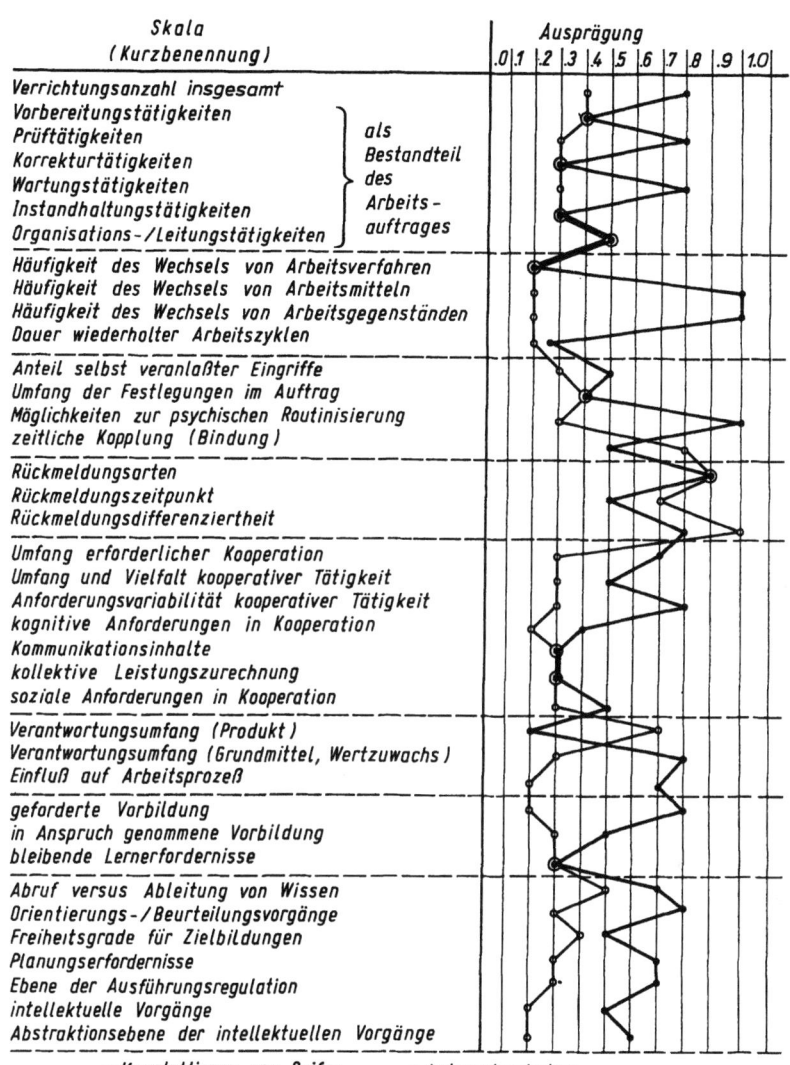

Abb. 7.11.: Beispiele für TBS-Profile (Erprobungsvariante 1982; gekürzt). Die Ordinalskalen sind durch Transformation auf eine einheitliche Länge gebracht; sie sind so gerichtet, daß höheren Zahlenwerten eine größere Wahrscheinlichkeit eines Beitrags zur Persönlichkeitsentwicklung in der Arbeit zukommt.
Komplettieren von Reifen: Ventile und Felgenmuttern einsetzen und Bündeln der fertigen Schläuche. Lohngruppe 3. Geringe, noch zumutbare Ermüdungsanzeichen (BMS-Verfahren). Deutliches Erleben unterdurchschnittlicher geistiger Anforderungen (STB-Verfahren).
Automatendrehen: Bedienen und Überwachen mehrerer Drehautomaten, z. T. auch Einstellen. Lohngruppe 6. Kein Ermüdungs- oder Monotonie-Erleben (BMS). Anforderungen werden als geistig anregend und mit guten Einfluß- und Kooperationsmöglichkeiten erlebt (STB).
Das Profil zeigt beispielsweise für das Komplettieren, daß Hauptansatzpunkte für eine Umgestaltung bei der geringen Anforderungenvielfalt, die mit hoher psychischer Routinisierbarkeit (Automatisierbarkeit) einhergeht, und bei den geringen Kooperationserfordernissen liegen. Das verweist auf das Erwägen eines vom Kollektiv selbstorganisierten Arbeitswechsels mit vorausgehenden Arbeitsplätzen als eine Umgestaltungsmöglichkeit.

Punktprofile oder als Punktprofile für alle einzelnen Merkmale des Verfahrens. Abb. 7.11. zeigt ein Beispiel.

Für das Hauptanliegen des Ableitens von in die Einzelheiten gehenden Gestaltungsvorschlägen ist die letztgenannte Darstellung am zweckmäßigsten. Folgende Auswertungsformen sind möglich:

1. Ableitung von Gestaltungserfordernissen und Gestaltungsschwerpunkten aus TBS-Profilen ohne einen bewertenden Vergleich.

Dabei werden augenfällig ungünstige Merkmalsausprägungen, also beispielsweise fehlende Freiheitsgrade oder mangelnde Kooperationsmöglichkeiten, bei der Umgestaltung verbessert.

2. Wirkungsbezogene Ermittlung von Gestaltungserfordernissen.

Dabei wird im Falle des Vorliegens ungünstiger Ausprägungen von Arbeitsauswirkungen, z. B. von deutlichen Monotoniewerten im BMS-Verfahren, nach zu verändernden Quellen dieser Auswirkungen im TBS-Profil gesucht.

3. Relativbewertung als Vergleich innerhalb von Gruppen von Tätigkeiten.

Dabei werden Umgestaltungsmaßnahmen vorrangig für die Tätigkeiten mit den vergleichsweise ungünstigen TBS-Profilen entwickelt und eine Annäherung in Richtung an die günstigsten Profile angestrebt.

4. Differenzenbewertungen

a) als Vergleich mit empfohlenen Mindestprofilen (vgl. z. B. für den TBS-K-Elektrotechnik WOLFF und WOLFF 1980)

b) als Vergleich mit prototypischen Vergleichsprofilen, die anhand einer externen Kriterienvalidierung gewonnen wurden. Derartige Vergleichsprofile können beispielsweise für Tätigkeiten mit reichen Entwicklungsmöglichkeiten, aber ohne Überforderungen, oder für Tätigkeiten mit gleichfalls reichen Entwicklungsmöglichkeiten, aber Überforderungsanzeichen dargestellt werden (vgl. z. B. BAARSZ u. a. 1981).

Die ermittelten Gütekriterien zur Objektivität, Reliabilität, Utilität und den Validitäten entsprechen den Erfordernissen (HACKER und IWANOWA 1982).

8. Zusammenstellung von Analyse- und Bewertungsmitteln für psychophysiologische und psychologische Bewertungsmerkmale

Tab. 8.1. faßt als Überblick die für psychologische Aspekte des Bewertens arbeitsgestalterischer Lösungen heranziehbaren Festlegungen (Standards, technische Normen, MAK-Werte, staatlich noch nicht verbindliche Grenzwerte) sowie solche Vorgehensweisen zusammen, die im Falle des Fehlens derartiger quantitativer Festlegungen zur Bewertung genutzt werden können. Die allgemeinen arbeitswissenschaftlichen bzw. arbeitshygienischen Bewertungsprozeduren und Kennziffernsysteme (WAO-Kennziffern) sind nur insoweit aufgeführt, wie sie zum psychologischen Teil der Bewertung genutzt werden können.

Über psychologische Anliegen hinausgehende Zusammenstellungen liegen u. a. vor im Handbuch des Gesundheits- und Arbeitsschutzes (Herausgeberkollektiv 1978), in den Erläuterungen vorliegender Analyse- und Bewertungsverfahren, z. B. AET (ROHMERT u. a. 1978) und FAA (FRIELING und HOYOS 1978), oder bei KARG und STAEHLE 1982.

Die Zusammenfassung in Tab. 8.1. folgt Forderungen, die in staatlichen Normen an psychologische Analyse- und Bewertungsbeiträge gestellt werden. Derartige Forderungen enthalten u. a. die DDR-TGL 29432 in ihrem Punkt 2.2.2., die SU-GOST 16456-70 in ihrem Punkt 4, die BRD-DIN 34000 in ihren Erläuterungen und den untersetzenden

Tab. 8.1.: *Zusammenfassung ausgewählter Analyse- und Bewertungsmittel für psychologische Anliegen*

Bewertungsebene	Bewertungsgenauigkeit	
	Sieb- (screening) Verfahren	Differenzierte Verfahren und Festlegungen
Ausführbarkeit	Allgemeine arbeitswissenschaftliche und arbeitshygienische Verfahren (soweit psychische Aspekte einbezogen) z. B. — KAB: komplexe Arbeitsplatz- und Beanspruchungsanalyse (ZfA Dresden 1975) — AET: Arbeitswissenschaftliches Erhebungsverfahren zur Tätigkeitsanalyse (ROHMERT u. a. 1979) — Ergonomisches Bewertungsverfahren (SCHMIDTKE 1977, 1981).	— Anthropometrische Normen (z. B. TGL 32604, TGL 22315, DIN 33402) — Sinnespsychophysiologische Normen und Kennwerte (TGL 200-0627, TGL 10687, GOST 11870-66, DIN 5037, DIN 45641, VDI 2058) — Psychophysiologische und psychische Grenzwerte zur Informationsverarbeitung, z. B. Datenspeicher in diesem Band; TGL 11960, GOST 3051-70, DIN 33405, DIN 66234, DIN 1410-56.

Tab. 8.1. (Fortsetzung)

Bewertungsebene	Bewertungsgenauigkeit	
	Sieb- (screening) Verfahren	Differenzierte Verfahren und Festlegungen
Schädigungslosigkeit	— Kurzverfahren zur Einschätzung von Arbeitsbedingungen und Arbeitsbelastungen mit Gesundheitsrisiken der „Ergonomischen Komplexanalyse", erweitert durch • Krankenstandsanalyse mit Kovariablenabspaltung (zur Methodik z. B. RICHTER 1976) • psychologisch-neurologischer Fragebogen (PNF, SEEBER 1978) • Fragebögen zur erlebten Gesundheit (z. B. WIESNER-BALCKE 1975) und zu gesundheitlichen Beschwerden (z. B. BFB HÖCK und HESS 1975; FBL FAHRENBERG 1975) • Allgemeine arbeitswissenschaftliche und arbeitsmedizinische Verfahren (z. B. KAB, AET usw.; vgl. oben).	— Arbeitshygienische Normative und Grenzwerte für Umwelteinflüsse physikalischer und chemischer Art, darunter MAK- bzw. MBK-Werte (vgl. Verzeichnisse) — Arbeitsschutzanordnungen entsprechend Technologie; TGL 30000 (vgl. Verzeichnisse) — Richtlinien wirtschaftsleitender und beratender Organe und Institutionen und des Gesundheitswesens — Arbeitstätigkeitsbezogene Krankenstandsanalyse (vgl. Text 3).
Beeinträchtigungslosigkeit	— Screeningverfahren zur neuropsychischen Beanspruchung der „Ergonomischen Komplexanalyse" (RICHTER, MEISTER u. a. 1982) — Fragebögen zur erlebten Gesundheit (z. B. WIESNER-BALCKE 1975) und gesundheitlichen Beschwerden (z. B. BFB HÖCK und HESS 1975; FBL FAHRENBERG 1975). Beiträge möglich aus: Eigenzustandsskalen EZ (NITSCH 1976) — Allgemeine arbeitswissenschaftliche Verfahren und arbeitsmedizinische Verfahren (vgl. oben)	— BMS-I und BMS-II-Verfahren (PLATH und RICHTER 1978; RICHTER 1983) und seine Adaptationen (z. B. EMS nach NACHREINER). — Leistungsverlaufsanalysen sowie — physiologische Aufwandskenngrößen (insbesondere Herzperiodendauer; Katecholamin- und Kortisolausscheidung) verarbeitet nach der Integrationstechnik von STRAUBE, RICHTER und RICHTER (1978).
Persönlichkeitsförderlichkeit	— TBS — Kurzform (z. B. WOLFF u. a. 1978) — objektive Tätigkeitsanalyse (GREIF, UDRIS u. a. 1980) — subjektive Tätigkeitsbewertung (STB-Verfahren, NEHRING 1982; JDS, HACKMAN und OLDHAM	— TBS — Langform (HACKER u. a.; vgl. Teile in diesem Band). — VERA-Verfahren (VOLPERT u. a. 1982) als Grundlage in jedem Falle: — Analyse (und Bewertung) von Anforderungen nach dem Vier-

Tab. 8.1. (Fortsetzung)

Bewertungsebene	Bewertungsgenauigkeit	
	Sieb- (screening) Verfahren	Differenzierte Verfahren und Festlegungen
	1974; SAA bzw. SAAa, ALIOTH und UDRIS 1977). Beiträge möglich aus: FAA (FRIELING und HOYOS 1978); subjektive Tätigkeitsanalyse STA (ULICH 1981) — Arbeitszufriedenheit (z. B. HURRELMANN und STACH 1973; Arbeitsbeschreibungsbogen ABB, NEUBERGER und ALLERBECK 1978) bei Kovariablenkontrolle.	Stufen-System (HACKER 1978; MATERN 1983 als Band 3 in dieser Reihe).

Normen (z. B. in DIN 33405 oder DIN 66234, wenngleich nur in einer tendenziellen Hinsicht) oder — ebenfalls nur tendenziell — die internationale Norm ISO 6385-1981.

Mit der relativen und absoluten Zunahme psychischer Arbeitsanforderungen durch Mechanisierung und Automatisierung und durch arbeitsorganisatorische Gestaltungsmaßnahmen im Sinne des Schaffens progressiver Arbeitsinhalte treten diese psychischen Aspekte neben die arbeitshygienischen, die vorzugsweise für die körperliche Arbeit entwickelt wurden.

9. Anhang

9.1. Datenspeicher zu psychologischen Aspekten der Ausführbarkeit

1. Ausführbarkeitsgrenzen durch Schwellen generell
   — Absolutschwellen
   — Unterschiedsschwellen
   — Anzahl unterscheidbarer bzw. identifizierbarer Ausprägungen von Signalen

Untere und obere Intensitätsschwellen verschiedener Sinne

Sinnesleistung	Niveau der Reizintensität	
	untere Absolutschwelle	obere Absolutschwelle
Sehen	$2{,}2-5{,}7 \cdot 10^{-10}$ erg	etwa $10^9 \cdot$ Schwellenintensität
Hören	$1 \cdot 10^{-9}$ erg/cm^2	etwa $10^{14} \cdot$ Schwellenintensität
Mechanische Vibration	0,00025 mm mittlere Amplitude an der Fingerspitze	etwa 40 dB über der Schwelle
Berührung (Druck)	0,026 erg am Daumenballen	keine Daten angebbar
Geruch	$2 \cdot 10^{-7}$ mg/m^3 Vanillin	keine Daten angebbar
Geschmack	$2 \cdot 10^{-1}$ bis 10^{-6} mol/l	keine Daten angebbar
Temperatur	0,00015 g $\cdot$ cal/cm^2 je s bei 3 s Exposition auf 200 cm^2 Haut	0,218 g $\cdot$ cal/cm^2 je s bei 3 s Exposition auf 200 cm^2 Haut

[8] Umfassendere Darstellungen geben Handbücher der Arbeitsgestaltung (Human Engineering) bzw. (kognitiven) Ergonomie. Für die Mitarbeit bei der Zusammenstellung wird Frau Dipl.-Psych. FRANKE, für ergänzende Hinweise Frau Doz. Dr. MATERN gedankt.

Sinnesleistung	Niveau der Reizintensität	
	unter Absolutschwelle	obere Absolutschwelle
Stellung und Bewegung	0,2—0,7 Grad bei 10 Grad/min für kombinierte Bewegungen	keine Daten angebbar
Winkelbeschleunigung	0,12 Grad/s²	Positive g-Kräfte von 5—8 g für 1 s und länger. Negative g-Kräfte von 3—4 g
Linearbeschleunigung	0,08 g für Verzögerung	Gleiche Grenzen wie für Winkelbeschleunigung gelten für Kräfte in Richtung der Körperlängsachse

Außerhalb dieser Grenzen ist kein Wahrnehmen möglich (zit. nach MORGAN, CHAPANIS, COOK III und LUND 1963, S. 25).
Quelle: MOWBRAY und GEBHARD (1961, S. 24—26)

Absolut- und Unterschiedsschwellen einiger Sinne für Frequenzen

Art des Reizes	Absolutschwellen für Frequenzen		Unterschiedsschwellen für Frequenzen	
	untere	obere	relativ	absolut
Farbe	300 nm	800 nm bei extrem hohen Intensitäten	etwa 128 diskriminierbare Farbtöne bei mittleren Intensitäten	12—13 diskriminierbare Farbtöne
Weißes Blinklicht	eine Unterbrechung/s	etwa 45 Unterbrechungen/s	375 diskriminierbare Blinkraten zwischen 1 und 45 Unterbrechungen/s bei mäßigen Intensitäten und festem Zyklus von 0,5	5—6 diskriminierbare Blinkraten
Reine Töne	20 Hz	20 000 Hz	1800 diskriminierbare Tonunterschiede zwischen 20 und 20 000 Hz bei einer Lautstärke von 60 dB	4—5 diskriminierbare Töne

Art des Reizes	Absolutschwellen für Frequenzen		Unterschiedsschwellen für Frequenzen	
	untere	obere	relativ	absolut
Unterbrochenes weißes Rauschen	eine Unterbrechung/s	etwa 2000 Unterbrechungen/s bei mäßigen Intensitäten und bei einem festen Zyklus von 0,5	460 diskriminierbare Unterbrechungsraten zwischen 1 und 45 Unterbrechungen/s bei mäßigen Intensitäten und festem Zyklus von 0,5	nicht bekannt
Mechanische Vibration	1 Hz	10000 Hz bei hohen Intensitäten	180 diskriminierbare Frequenzunterschiede zwischen 1 und 320 Hz	nicht bekannt

Zit. nach MORGAN, CHAPANIS, COOK III und LUND (1963, S. 26)
Quelle: MOWBRAY und GEBHARD (1961, S. 24—26)

Identifizierungs- und Unterscheidungsgrenzen

Anzahl von eindimensionalen Signalen, die ohne Vergleich mit einem Bezugspunkt (d. h. absolut) fehlerlos unterschieden werden können. In der dritten Spalte sind die möglichen Anzahlen bei Vergleich mit Standardreizen (d. h. relativ) eingetragen.

Darstellungsform der Nachricht	Absolute Unterschiedsstufen (Identifizierung)	Relative Unterschiedsstufen	Bemerkungen
Sehen: Farbtöne	9 (—11)	130 (bei mittleren Intensitäten)	wenig Raum, leicht identifizierbar, von Raumbeleuchtung abhängig
Ziffern und Buchstaben	—	—	wenig Raum, Identifizierungszeit länger als bei Farbe, Kontrast beachten
Formen	15		wenig Raum erforderlich
Zeigerstellungen	10	entsprechend relativer Schwelle	kurze Darbietung
auf linearer Skala	15		lange Darbietung

Darstellungs-form der Nachricht	Absolute Unterschieds-stufen (Identifizierung)	Relative Unter-schiedsstufen	Bemerkungen
Größen	5 (—7)	—	viel Raum erforderlich lange Identifizierungszeit
Linienlängen	5	entsprechend relativer Schwelle	wirkt verwirrend
Helligkeiten	4 (3—5)	570 (weißes Licht)	ermüdend, besondere Kontrastverhältnisse notwendig. 1 %
Hören:			
Tonhöhen	5	1800 bis 60 dB	0,5 %
Lautstärken	5 (reine Töne: 2—3)	325 bei 2000 Hz	7,0 %
Berührung:			
Breiten	8—11		Phasenbreiten
Mechanische Vibration (Intensität)	3—5	15 (bei Reizung in Brustregion mit großem Kontaktvibrator und 0,05—0,5 mm Amplitude)	

Quellen: MORGAN, CHAPANIS, COOK III und LUND (1963, S. 25—34), NEUMANN und TIMPE (1976, S. 153)
(modifiziert und ergänzt)

Bei Kombination visueller Dimensionen

Farbton und Sättigung	11—15 identifizierbare Signale
Farbton und Helligkeit und Größe	17 identifizierbare Signale
Lage eines Punktes im Quadrat	24 identifizierbare Signale

Bei Kombination auditiver Dimensionen

Tonhöhe + Lautstärke + Dauer + zeitliche Abfolge + räumliche Lage
150 identifizierbare Signale

Quelle: MCCORMICK (1964)

2. Ausführbarkeitsgrenzen durch Abhängigkeiten visueller Schwellen von
— Objektgrößen
— Hintergrundsreizung/Kontrast
— personellen Leistungsgrenzen (Alter)

Die Abhängigkeit der Entdeckungswahrscheinlichkeit für ein Objekt von der Größe des Sehwinkels

Sehwinkel (in min)	Wahrscheinlichkeit der Entdeckung[1] (in %)
0,2	1,0
0,4	8,0
0,6	17,0
0,8	50,0
1,0	76,0
1,2	93,0
1,4	99,0
1,6	100,0

[1] bei ansonsten ausreichenden Sehbedingungen (z. B. Helligkeit, Dauer, Kontrast)

$$\text{Sehwinkel} = 2 \cdot \arctan \frac{L}{2D}$$

L = Größe des Objekts, gemessen senkrecht zur Sehlinie,
D = Entfernung zwischen Auge und Objekt.

Quelle: MORGAN, CHAPANIS, COOK III und LUND (1963, S. 57)

Abhängigkeit der Identifizierbarkeit (z. B. Lesbarkeit) vom Kontrast

Der Unterschied (Kontrast) zwischen den Helligkeiten verschiedener Gebiete im Blickfeld ist für das Identifizieren von großer Bedeutung.

Für praktische Zwecke bewährt sich eine Vereinfachung der Formel

$$K = \frac{L_1 - L_2}{L_1 + L_2}$$

L_1 Leuchtdichte in Gebiet 1
L_2 Leuchtdichte in Gebiet 2

$$\text{zu } K = \frac{L_1}{L_2} \cdot 100\%$$

Mit dem Kontrast steigt die Identifizierbarkeit stark an; K sollte jedoch 300% nicht übersteigen.

Bei Bildschirmen empfiehlt sich ein vom Benutzer selbst regelbarer Kontrast; der Kontrast zwischen Zeichen und Hintergrund sollte hier wenigstens 5:1 (d. h. 500%) betragen.

Ausdehnung des Farbengesichtsfeldes für invariable und peripheriegleiche Farben (in Grad) bei 100 asb und Objektgröße von 25'

Grün	oben	14°	Für außerhalb der angegebenen Winkelbereiche liegende farbige Reize ist — bei unbewegtem Gesichtsfeld — ein Wahrnehmen nicht zu sichern.
	unten	17°	

			Für außerhalb der angegebenen Winkelbereiche liegende farbige Reize ist — bei unbewegtem Gesichtsfeld — ein Wahrnehmen nicht zu sichern.
	innen	19°	
	außen	32°	
Rot	oben	16°	
	unten	19°	
	innen	20°	
	außen	36°	
Gelb	oben	19°	
	unten	22°	
	innen	26°	
	außen	46°	
Blau	oben	20°	
	unten	24°	
	innen	27°	
	außen	47°	

Quelle: SCHOBER (1957, S. 96)

Blendung: Arten, Auftrittsbedingungen und Folgen

Adaptationsblendung:
Plötzliche Änderung des durchschnittlichen Leuchtdichteniveaus im Gesichtsfeld.
„Kurzdauernde Änderungen des Beleuchtungsniveaus im Gesichtsfeld sind für das nachfolgende Sehen unschädlich. Länger dauernde (mehr als einige Sekunden) oder häufige kurze Störungen bedingen hingegen eine Herabsetzung des Adaptationszustandes" (S. 64).

Relativblendung:
Zu große, gleichzeitig bestehende örtliche Leuchtdichteunterschiede im Gesichtsfeld.
Wirkungen:
— Aufmerksamkeitsablenkung von der Sehaufgabe (überwiegt bei kleineren und nicht zu hellen Blendflächen),

— Herabsetzung der Seheigenschaften, Ermüdung (überwiegt bei größeren oder sehr hellen Blendflächen).

Absolutblendung:
So hohe Leuchtdichte, daß die Adaptationsfähigkeit des Auges überschritten wird.

Bei Adaptations- und Relativblendung werden die meisten Seheigenschaften, vor allem die Unterschiedsempfindlichkeit, das Farbsehen und das räumliche Sehen beeinträchtigt.

Direkte Blendung:
Blendung durch Lichtquellen

Indirekte Blendung:
Blendung durch das Reflexionsbild einer Lichtquelle oder zu helle lichtstreuende Flächen im Gesichtsfeld

„Bei der Anordnung von Arbeitsplätzen ist darauf zu achten, daß die Lichtreflexion an glänzenden Flächen keine Blendungserscheinungen hervorruft. Diese Flächen dürfen daher nicht unter einem solchen Winkel zu den Lichtquellen angeordnet sein, daß spiegelnde Reflexion ins Beobachterauge möglich wird" (S. 68).

Einfluß des Winkels, unter dem eine Blendquelle erscheint, auf das Ausmaß der Unterschiedsempfindlichkeit:

Winkel, den die Blendquelle mit der Blicklinie bildet	5°	10°	20°	40°
Notwendige Erhöhung der Gesichtsfeldleuchtdichte zur Erzielung gleicher Unterschiedsempfindlichkeit	84%	69%	53%	42%

(Blendquelle oberhalb der Blickrichtung, wird von einer 100-Watt-Lampe gebildet, die auf der Hornhaut eine Beleuchtungsstärke von 50 lx erzeugt, Gesichtsfeldleuchtdichte rd. 70 asb)

„Spiegelnde Flächen dürfen die Lichtquelle nicht unter dem Reflexionswinkel ins Auge abbilden. Lichtquellen, deren Anwesenheit im Gesichtsfeld unvermeidlich ist, müssen durch geeignete Leuchten geschützt werden bzw. muß ihre Leuchtdichte durch Trübgläser usw. auf ein erträgliches Niveau herabgesetzt werden" (S. 69).

Je geringer das Durchschnittsniveau der Beleuchtung, desto mehr Lichtquellen werden zu „Blendquellen". Die Wirkung mehrerer gleichzeitig im Gesichtsfeld vorhandener Blendquellen summiert sich nach den Blendgewichten (abhängig von Leuchtdichte, Ausdehnung und Lage der Blendquelle im Gesichtsfeld, meist empirisch ermittelt).

„Die Blendwirkung einer Lichtquelle oder einer übermäßig hellen Fläche wächst mit deren Leuchtdichte und mit deren Ausdehnung. Der Einfluß ist um so größer, je geringer die Durchschnittsleuchtdichte des Gesichtsfeldes ist" (S. 71).

Infeldblendung: Blendquelle liegt in der Blickrichtung.
Umfeldblendung: Blendquelle liegt an der Peripherie des Gesichtsfeldes.

„Bei gleicher Leuchtdichte und Ausdehnung wirkt eine Blendquelle um so störender, je näher sie an der Blicklinie liegt" (S. 65).

Für eine punktförmige, nahe an der Blicklinie gelegene Blendquelle (angenäherte Infeldblendung) und ein Adaptationsniveau, das ungefähr dem Bereich der künstlichen Beleuchtung entspricht, gilt:

$B^k = a \cdot B_G$

„Bei nahezu punktförmigen, in der Nähe der Blickrichtung gelegenen Blendquellen wächst die Blendgefahr mit der dritten Potenz der Leuchtdichte der Blendquelle" (S. 67).

B = Leuchtdichte der Blendquelle in sb
B_G = durchschnittliche Gesichtsfeldleuchtdichte in asb
a = Konstante
k = Blendexponent, in der Größenordnung 3

„Eine oberhalb der Blickrichtung gelegene Blendquelle ist weniger gefährlich als eine in, unterhalb oder seitlich der Blickrichtung gelgene" (S. 72).

Nebelblendung:
Blendung bei Betrachtung der Sehobjekte durch ausgedehnte leuchtende Streukörper.
Für Sichtbarkeit gilt der als photometrischer Kontrast bezeichnete relative Leuchtdichteunterschied.

$$K = \frac{B_u - B_i}{B_u + B_i}.$$

Bei Nebelblendung werden B_u und B_i durch die Leuchtdichte der Nebelflächen überlagert:

$$K_n = \frac{B_u - B_i}{B_u + B_i + 2B_n}$$

Da $K_n < K$ ist, sind im Nebel viele Leuchtdichteunterschiede nicht mehr wahrnehmbar, die ohne Nebel sichtbar sind.

K = relativer Leuchtdichteunterschied
K_n = relativer Leuchtdichteunterschied bei Nebel
B_u = Umfeldleuchtdichte
B_i = Infeldleuchtdichte
B_n = Leuchtdichte der Nebelflächen

Quelle: SCHOBER (1958, S. 62—78)

Altersabhängigkeit der unteren Wellenlängengrenze des sichtbaren Lichts (nach FABRY und SAIDMANN)

Lebensalter	Untere Wellenlänge des Lichts
bis 34 Jahre	300—313 nm
34—43 Jahre	313—350 nm
43—67 Jahre	350—393 nm
über 67 Jahre	etwa 400 nm und höher

Verkürzung des sichtbaren Lichtanteils mit dem Lebensalter
Quelle: SCHOBER (1950, S. 216)

3. Ausführbarkeitsgrenzen durch Abhängigkeiten akustischer Schwellen von
— Schalldruck
— Frequenz
— Signaldauer
— maskierendem Lärm (Sprachverständlichkeit)

Untere Intensitätshörschwelle in Abhängigkeit von der Frequenz

Frequenz (Hz)	Untere Hörschwelle (dB)
100	46
200	30
300	24
400	16
500	13
1 000	6
5 000	12
6 000	15
7 000	17
8 000	20
9 000	22
10.000	24

Nur Hinweischarakter, da stark abhängig von Reiz, Hörbedingungen und Alter
($dB = 0{,}0002$ dyn/cm^2)

Zur Veranschaulichung vergleiche grafisches Hörfeld.
Quelle: STEVENS (1951, S. 1004)

Untere Hörschwelle (in dB) in Abhängigkeit von Reizfrequenz und Zeitdauer des Reizes

Zeit (in ms)	Untere Hörschwellen für die Frequenzen			
	250 Hz	1000 Hz	4000 Hz	Rauschen
1		30	28	31
2		27	24	29
4	38	21	21	28
8	37	18	19	24
15	36	17	15	20
25	35	13	14	19
50	32	9	10	18
100	28	7	8	14

$(I - I_o) \cdot t = \text{const.}$ I = Intensität des Reizes
I_o = Schwellenintensität
t = Zeit der Reizeinwirkung
$\log I = -k \cdot \log t + c$ k = Konstante
c = Konstante

Quelle: STEVENS (1951, S. 1021—1022)

Unterschiedsschwellen für Lautstärken (in dB) in Abhängigkeit von der Lautstärke und der Frequenz

Lautstärke	Schwellen für Lautstärkeunterschiede [in dB] bei den Frequenzen				
[in dB]	70 Hz	1000 Hz	4000 Hz	10000 Hz	bei Rauschen
10	4,0	2,0	1,9	3,0	1,0
20	2,0	1,5	1,0	2,0	0,6
30	1,0	0,9	0,7	1,0	0,5
40	1,0	0,7	0,45	1,0	0,45
50	0,7	0,5	0,4	0,75	0,45
60	0,6	0,4	0,3	0,7	0,45
70	0,5	0,35	0,2	0,6	0,4
80	—	0,3	0,2	0,6	0,4
90	—	0,3	0,2	—	0,4
100	—	0,3	0,2	—	0,4

- Die niedrigsten Unterschiedsschwellen liegen bei höheren Intensitäten (60 dB und mehr) vor.
- Die Unterschiedsschwellen (exakt gültig bei reinen Tönen) sind am niedrigsten für den Bereich zwischen 1000 Hz und 4000 Hz (vergröbert: im Sprachbereich)

Quelle: MORGAN, CHAPANIS, COOK III und LUND (1963, S. 156)

Unterschiedsschwellen für Lautstärken (dB) in Abhängigkeit von Zeitdauer, Frequenz und Lautstärke der Reize

Reizdauer	Unterschiedsschwellen für		
(ms)	500 Hz 40 dB	500 Hz 70 dB	1000 Hz 40 dB
50	0,15	0,03	0,08
100	0,09	0,03	0,06
150	0,06	0,03	0,05
250	0,05	0,02	0,04
500	0,05	0,02	0,03
750	0,04	0,02	—

Quelle: STEVENS (1951, S. 1021)

Schwellen für Tonhöhenunterschiede (in Hz) in Abhängigkeit von Zeitdauer und Frequenz (Zeit zwischen den Tönen = 5 s)

Zeitdauer der Darbietung (in ms)	Schwellen für Tonhöhenunterschiede (in Hz) für die Frequenzen			
	128 Hz	800 Hz	1024 Hz	8192 Hz
50	3,5	4,5	5,0	60,0
100	2,5	3,7	3,5	50,0
200	2,0	2,8	2,9	40,0
300	1,6	2,4	2,7	32,0
400	1,5	2,0	2,5	30,0
500	1,5	2,0	2,5	30,0

Die niedrigsten (relativen, nämlich prozentualen) Schwellen liegen bei 30 dB Lautstärke, einer Frequenz von 1000 Hz und einer Darbietungsdauer von mehr als 0,1 s.

Bei wiederholter Darbietung liegen die Schwellen niedriger als bei einmaliger, eine Wiederholungsrate von 2—3 Hz ist optimal.

Quelle: MORGAN, CHAPANIS, COOK III und LUND (1963, S. 155—156)

Schwellen für Tonhöhenunterschiede (in Hz) in Abhängigkeit von der Frequenz (Tonhöhe) und der Lautstärke

Frequenz (Tonhöhe) (in Hz)	Schwellen für Tonhöhenunterschiede (in Hz) bei den Lautstärken					
	5 dB	10 dB	15 dB	20 dB	40 dB	70 dB
60	6,0	4,0	3,0	3,0	2,5	—
100	7,5	5,0	4,0	3,5	3,0	—
200	8,5	5,0	4,0	3,5	3,0	—
500	9,0	5,0	4,0	3,5	3,0	2,5
1000	10,0	6,0	4,5	4,0	3,5	3,0
2000	11,0	8,0	6,0	5,0	4,0	3,5
3000	20,0	12,0	9,5	8,0	5,5	—
4000	22,0	18,0	16,5	12,0	10,0	—
5000	32,0	25,0	20,0	18,0	14,0	—
8000	50,0	40,0	36,0	30,0	24,0	—

- Die niedrigsten Schwellen liegen bei 1000 Hz, ihre Größe liegt hier bei 0,3% der Frequenz.
- Die Unterscheidung von Tonhöhenveränderungen ist am besten ausgeprägt für eine Lautstärke von 30 dB und einer Dauer von mehr als 0,1 s.
- Bei mehrfacher Darbietung sind die Schwellen geringer.
- Die beste Unterscheidung von Tonhöhen tritt bei niedrigen Frequenzen auf; bei Lärm erweisen sich höhere Frequenzen als vorteilhafter. Meist muß ein Kompromiß

eingegangen werden, die günstigsten Tonhöhen liegen hierbei zwischen 500 Hz und 100 Hz.

Quelle: MORGAN, CHAPANIS, COOK III und LUND (1963, S. 155—156)

Hörbarkeit und Verständlichkeit von Sprache in Abhängigkeit von ihrem Schalldruck und vom Lärm

Lärm (in dB)	Schalldruckniveau der Sprache (in dB), das mindestens notwendig ist für:	
	Hörbarkeit der Sprache	Verständlichkeit der Sprache
10	10	24
20	12	25
30	16	28
40	24	35
50	34	44
60	44	54
70	54	64
80	64	74
90	74	84
100	84	94

Quelle: STEVENS (1951, S. 1049)

4. Ausführbarkeitsbegrenzungen durch
— unzureichende anforderungsbedingte Aktivierung
— Antwort-(Reaktions-)Zeiten einschließlich Aufnahme- und Verarbeitungszeiten
— Anzahl „gleichzeitig" erfaßbarer unabhängiger Signale
— Anzahl kurzzeitig gegenwärtig behaltbarer Sachverhalte
— Anzahl zuverlässig forderungsgerecht kombinierbarer (verarbeitbarer, bewertbarer) Sachverhalte
— Wirkungen verzögerter Rückmeldung über Ausführung und/oder Resultate eigener Handlungen

Die hierzu angebbaren Daten sind in noch höherem Grade bedingungsabhängig als die in 1.—3. aufgeführten. Sie haben im Unterschied zu diesen den Charakter von Hinweisen auf relevante Größenordnungen.

Ausführbarkeitsbegrenzungen durch anforderungsbedingt unzureichende Aktivierung

Wachheit und damit Reaktionsbereitschaft sind u. a. abhängig von ausreichender Aktivierung durch Zufluß tätigkeitsbedeutsamer nutzbarer Information. Mit abnehmender

Häufigkeit und Vielfalt dieser Information (vgl. Überforderung durch Unterforderung; im Textteil) steigen die
— Reaktionszeiten
— Fehler- (Übersehens-, Verwechslungs-)wahrscheinlichkeiten als Ausdruck bedingter bzw. fehlender zuverlässiger Ausführbarkeit der Aufträge:

• Nach 30—45 min Überwachungstätigkeit mit Vigilanzbedingungen ist bei einfachen Anforderungen die Reaktionszeit bis zu 50% länger als bei komplexeren (anregungsreicheren) Anforderungen.

Für Vigilanzbedingungen sind charakteristisch:
Sehr seltene, vorwiegend nicht vorhersehbare, kurze (etwa ≤ 1 s), sofort und mit geringem Zeitaufwand (etwa 1 min) zu beantwortende Signale.

• Der Anteil richtig erkannter Signale ist nach dieser Zeitspanne bis zu 50% geringer als bei anregungsreicheren Anforderungen.

Zuverlässige mehrstündige Ausführbarkeit ist unter Vigilanzbedingungen ohne Zusatzvorkehrungen wegen Überforderung neuropsychischer Leistungsmöglichkeiten durch Unterforderung *nicht* gewährleistet.

Quellen: Eine Datenzusammenstellung mit weiterführenden Literaturangaben geben u. a. NEUMANN und TIMPE (1976, Abschnitt 6.3.).

Reaktionszeit und Signalanzahl (-wahrscheinlichkeit)

Signalanzahl n	Informationsgehalt (bit)	Näherungsweise Reaktionszeiten (ms) bei Antwort auf eines von n Signalen	
		geübt	ungeübt bzw. ermüdet
1	0	200	
2	1	250—350	$\sim$ 350
4	2	300—500	$\sim$ 600
6		500—650	$\sim$ 750
8	3	550—800	$\sim$ 900
10		600—850	$\sim$ 1000
⋮			
32	5	900	$\sim$ 1700

$Rt = a \log_{10} (n + 1) + t_B$　　　　Rt — Reaktionszeit
　bzw. allgemeiner:　　　　　　　　　　t_B — Bewegungszeit
$Rt = b \Sigma p_i \operatorname{ld} p_i + t_B$
n — Anzahl der Signale
a — Konstante (0,5—0,65 für leicht unterscheidbare Signale, ungestufte Antworten und wenig geübte Bedingungen; bei sehr hoher Übung und vollständiger Reiz-Antwort-Kompatibilität [keinerlei Transformationsoperationen] kann a gegen Null gehen)

b — Konstante (0,15—0,20)
ld — Logarithmus zur Basis 2
p_i — Signalwahrscheinlichkeit

Neben der Signalanzahl haben ausschlaggebenden Einfluß:
— Auftrittswahrscheinlichkeit p_i der Signale (häufigere Signale haben kürzere Reaktionszeiten),
— Gruppierungen der Signale in Einheiten (Reaktionszeit folgt Anzahl der Gruppen, nicht Einzelsignalen),
— Vorhersehbarkeit von Signalsequenzen (Reaktionszeit abhängig von Anzahl der Signale, die im *nächsten, vorhersehbaren* Schritt auftreten werden),
— Signalintensität,
— Signal-Antwort-Vereinbarkeit (kann Anstieg aufheben!),
— Signalkode,
— Antwortart,
— Geübtheit (kann Anstieg aufheben!),
— Kondition (Aktiviertheit/Desaktiviertheit/Ermüdung; Alter [starke Zunahme oberhalb 50 Jahren]).

Unterschreiten der benötigten Rt macht ein den Signaleigenschaften entsprechendes Antworten *un*möglich; Rateantworten können erfolgen. Für *zuverlässige Dauerleistungen* sind *wesentlich* über den angegebenen Werten liegende Zeiten erforderlich (doppelte bis mehrfache Werte).

Quellen: SANDERS (1971), SCHMIDTKE (1961, S. 157f., dort weitere Originalarbeiten).

Ausführbarkeitsbegrenzungen durch erforderlichen zentralnervösen/psychischen Zeitbedarf zur Informationsverarbeitung

Zentralnervöse/psychische Informationsverarbeitungsoperationen sind auch nach Übung zeitaufwendig. Das Unterschreiten des erforderlichen Mindestzeitbedarfs hebt die zuverlässige, forderungsgerechte Ausführbarkeit des Auftrags, zu dessen Realisierung sie erforderlich sind, auf. Die nachfolgenden Werte entstanden unter Idealbedingungen und können im Maße der Abweichung von diesen hochgradig überschritten werden; sie besitzen Hinweischarakter auf Größenordnungen:

— Der Zeitbedarf für das Identifizieren des Zutreffens (richtig/falsch) von einzelnen Aussagen (allgemeiner von optimal wahrnehmbaren Sachverhalten) ist u. a. abhängig davon, ob Aussagen über Unterbegriffe oder über Merkmale von Sachverhalten gemacht werden und welchen Umfang der jeweilige relevante Objektbereich hat.

Bei einfachen Aussagen („ein Hammer ist ein Werkzeug"; „ein Hammer hat einen Stiel"; „der Hammer liegt unter/auf dem Tisch") sind unter idealen, störfreien Laborbedingungen und ohne Ermüdung bei Personen mit optimalen Leistungsvoraussetzungen
• bei Aussagen über Unterbegriffsrelationen 1000—1500 ms und
• bei Merkmals- bzw. Lokalisationsaussagen 1300—2000 ms

zu veranschlagen (z. B. POSNER 1976). Dabei ist im Rahmen der angeführten Variationsbreiten der Zeitbedarf für das Feststellen gleichen Aussehens geringfügig kürzer als der für gleiche Benennung und diese wiederum kürzer als der für das Feststellen der Zugehörigkeit zu gleichen Sachverhaltsklassen (z. B. POSNER 1976).

— Mit der Anzahl und der Schwierigkeit der zur Antwortableitung erforderlichen Wahrnehmungs-, Vorstellungs-, Denk- und Behaltensoperationen steigt die für das Identifizieren zutreffender Einzelaussagen erforderliche Zeit — auch bei Geübtheit — an (Daten und Originalliteratur bei NEISSER 1974, POSNER 1976):
— Beim anschauungsgebundenen Vergleich zweier optimal wahrnehmbarer einfacher Körper auf Identität wird unter günstigen Laborbedingungen benötigt
- ohne Rotation eines Körpers gegenüber dem anderen etwa 1000 ms,
- bei Rotation um 90° etwa 3000 ms,
- bei Rotation um 180° etwa 5000 ms

(SHEPARD u. a. 1971, zit. nach POSNER 1976).

— Mit der Kompliziertheit erforderlicher *logischer* Operationen zur Überprüfung einfacher Aussagen (Sachverhalte) steigt der Mindestzeitbedarf bis zur Antwort. Er beträgt z. B. bei
- Konjunktion und Disjunktion etwa 2000 ms (bei 10—15% Fehlern),
- exklusiver Disjunktion etwa 3000 ms (bei 25% Fehlern)

(TRABASSO u. a. 1971, zit. nach POSNER 1976).

Im Falle erforderlicher völliger Fehlerlosigkeit müssen auch unter günstigen störfreien, ermüdungslosen Bedingungen wesentlich höhere Zeitbeträge veranschlagt werden.

Quellen (dort auch Angabe der Originalliteratur): NEISSER (1974), POSNER (1976).

Anzahl „gleichzeitig" erfaßbarer und verarbeitbarer unabhängiger Signale

— Anzahl begrenzt durch Anzahl sicher identifizierbarer Signale (vgl. Schwellen), also nicht über 7 ± 2.

— Bei ausreichender Darbietungszeit (> 100 ms) *3—8 (9) Signale mit Sicherheit von wenigstens 50%* erfaßbar in Abhängigkeit von Merkmalskomplexität:

Komplexe Formen ... 3   Punkte ... 9

— Darbietungszeit wirksam: Um 1 Signal zu erfassen, wenigstens 40 ms; oberhalb 100 ms nur unwesentliche Steigerung.

— Wenn *vollständige (100%) richtige Erfassung bei allen Beteiligten erforderlich*, ist *Reduktion der obigen Anzahlen* „gleichzeitig" zu erfassender unabhängiger Sachverhalte erforderlich.

Beispiel (von HOYOS 1965):

Anzahl gleichzeitig gebotener (Verkehrs-) Zeichen (~0,5 s)	Durchschnittlich richtig erkannte Zeichen	Anteil der Personen, die alle Zeichen richtig erkannten (%)
2	1,9—2,0	75—100
3	1,7—2,3	25— 31
4	2,2—2,5	0— 7
5	1,5—2,1	0

— Die relative Begrenzung bei 7 ± 2 unabhängigen Sachverhalten kann für Ausführbarkeitsbewertungen als optimistischer Faustwert einer oberen generellen Grenze bewußtseinpflichtiger Verarbeitung (Identifizierung, Beurteilung, kurzfristiges bewußtes Behalten für Verarbeiten) unabhängiger Sachverhalte dienen (z. B. GRAESSER II und MANDLER 1978).

Weitere Quellen: FITTS und POSNER (1968, dort auch Originalarbeiten)

Ausführbarkeitsbegrenzungen durch die maximale Anzahl kurzzeitig bewußt behaltbarer unabhängiger Sachverhalte

Um Daten forderungsgerecht verarbeiten zu können, müssen sie mindestens kurzfristig behalten werden:
Für die Spanne kurzzeitigen bewußten Behaltens (für Sekunden bis wenige Minuten) ist hauptsächlich die Anzahl der voneinander unabhängigen Einheiten, weniger deren Umfang, maßgebend.

Diese Spanne umfaßt unter günstigen Umständen etwa 5 (bis maximal 11) Einheiten (Anzahl der Einheiten, die unmittelbar nach Darbietung der letzten richtig in Darbietungsreihenfolge reproduziert werden; Darbietung etwa in Sekundenabstand). Störungen, die eine Unterbrechung des inneren Wiederholens von Sachverhalten bewirken, führen auch bei Einhaltung der Spannengrenze zu (teilweisem) Vergessen nach wenigen Sekunden. Über die Spanne hinausgehende Einheiten werden auch ohne Störung innerhalb weniger Sekunden wenigstens teilweise vergessen.

Innerhalb serieller Aufgaben mit dem gleichzeitigen Aufnehmen, Behalten und Reproduzieren von Material (wie beim Lesen oder Maschinenschreiben) ist die seriale („running") Gedächtnisspanne wesentlich geringer: Sie beträgt 3—4 Einheiten, also etwa die Hälfte der „klassischen" Gedächtnisspanne.

Das maximale zeitliche Voreilen ist für die Seh-Sprech-Spanne (Lesen) mit etwa 45 Buchstaben bzw. 2 s größer als für die Seh-Finger-Spanne (Maschinenschreiben) mit etwa 6 Buchstaben bzw. 1 s.

Quelle: FITTS und POSNER (1968)

Ausführbarkeitsgrenzen durch die Höchstzahl zuverlässig forderungsgerecht verarbeitbarer (kombinierbarer, bewertbarer) unabhängiger Sachverhalte

Als Faustwert kann davon ausgegangen werden, daß von der Mehrzahl (auch geübter) Menschen nicht mehr als drei voneinander unabhängige variable Sachverhalte zuverlässig forderungsgerecht miteinander verarbeitet (kombiniert, verknüpft) werden können, wenn komplizierte (z. B. nichtlineare) Verknüpfungsvorschriften vorliegen. Diese Anzahl ist hauptsächlich abhängig von der

— Verknüpfungsvorschrift (z. B. der mathematischen Funktion),
— Darbietungsart der Signale.

Der obige Faustwert wird dadurch modifiziert, wie Abb. 9.1. (WASSILEW 1977, unveröffentl.) zeigt. Auch bei einfacheren Verknüpfungsvorschriften ist jedoch oberhalb von 4 Parametern mit einer wesentlichen Fehlerzunahme zu rechnen.

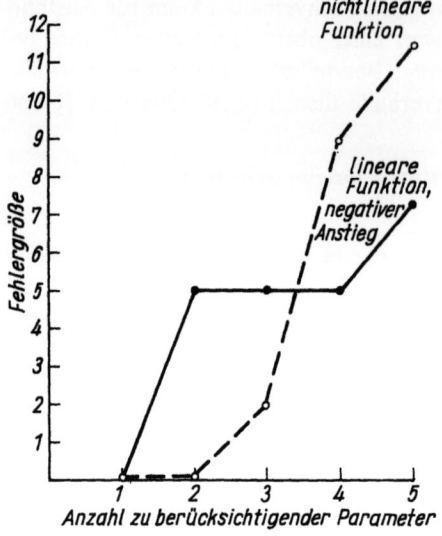

Abb. 9.1.: Größe von Fehlern bei der Integration von Informationen bei unterschiedlicher Anzahl zu berücksichtigender Parameter und nicht linearer bzw. linearer Integrationsfunktion (nach WASSILEW 1977).

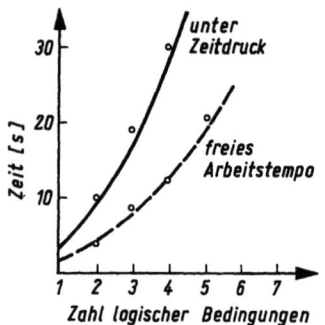

Abb. 9.2.: Entscheidungszeiten in Abhängigkeit von den gleichzeitig zu berücksichtigenden Bedingungen (SARAKOWSKIJ 1966).
Ergebnisse: — Wahrscheinlichkeit von Fehler und Zeitverlängerungen wächst ab ≥ 3 ... 4 besonders stark an
— unter Zeitdruck besonders ausgeprägte Verschlechterungen

Quellen: Untersuchungen zum Funktionslernen (z. B. MATERN 1976) und Entscheiden (SLOVIC und LICHTENSTEIN 1971, zit. nach VON WINTERFELDT 1974, SARAKOWSKI 1966) sowie Untersuchungen bei Anlagenfahrern (z. B. PAUL und RICHTER 1975).

Ausführbarkeitsstörungen bzw. -begrenzungen durch Verzögerung der Rückmeldungen über Handlungsergebnisse bzw. -vollzüge

Zuverlässiges Handeln bei allen Klassen von (Arbeits-)Tätigkeiten ist von rechtzeitiger Rückmeldung über Verlauf und Resultat der Tätigkeit abhängig:
— Verzögerung des Hörens des eigenen Sprechens um nur 200—250 ms bewirkt einen zeitweiligen völligen Sprachzerfall (Lee-Effekt).
— Verzögerung des durch Prismen transformierten Sehens eigener Bewegungen um etwa 250 ms verhindert die sonst nach wenigen Wiederholungen erfolgende Anpassung an die Transformation (HELD, EFSTATHIOU und GREEN 1966).
— Verzögerung der Rückmeldung eingetasteter Werte bei der manuellen Dateneingabe verschlechtert die Leistung:

- Verzögerung um 200 ms bewirkt 10% Leistungsminderung,
- Verzögerung um 500 ms bewirkt 20% Leistungsminderung (LONG 1975).
— Voranzeige der Position räumlich geführter Objekte mittels Prädiktions-(Vorausanzeige-)Displays (quickened displays) verkürzt die Anlernzeit um einen Anteil bis zu 80% (BERNOTAT u. a. 1968).
— Die Größenordnung der Leistungsverschlechterungen bei der Festwertregulation eines Parameters, der zyklisch (sinusförmig) mit zufälligen Abweichungen um einen Sollwert schwankt, im Falle unterschiedlich großer Totzeit bzw. Rückmeldungsverzögerung zeigen die nachstehenden Werte.

Sie wurden gewonnen in einem Simulationsexperiment mit einer Abfolge diskreter Werte:

Verzögerung	Anteil der Schritte mit Sollwerteinhaltung (%)	Variationsbreite der Sollwertüber- bzw. -unterschreitungen
OHNE: Auswirkung des Eingriffs beim nächsten Schritt	80	1—3 Parameterstufen Maximum der Abweichungen: 1
MIT: Auswirkung beim übernächsten Schritt	50	1—7 Maximum: 1
MIT: Auswirkung beim vierten Schritt	10	1—7 Maximum: 17

Lernen veränderte diese Werte nicht signifikant.

Quelle: MATERN (1978)

9.2. Abriß der TBS-Basisvariante

Die Lang- oder Basisvariante des Tätigkeitsbewertungssystems (TBS-L) besteht aus
— den Merkmalen mit ihren Abstufungen
— einer Handanweisung
— einer Ableitung und Einordnung des Verfahrens sowie der Darstellung der Gütekriterien und von Bewertungshilfen.[9] Das Anliegen und das arbeitsanalytische Vorgehen wurden in Abschnitt 7.6. skizziert.

---

[9] Das Verfahren ist über den Buchhandel bzw. die Psychodiagnostische Zentralstelle DDR-102 Berlin, Oranienburger Str. 18 beziehbar. Für BRD, Österreich, Schweiz Auslieferung über Hogrefe-Vertrieb, D-3400 Göttingen, Rohmsweg 25.

Vor Einsatz des Verfahrens sind folgende Bedingungen zu prüfen:

Ausführbarkeit Ist die Ausführbarkeit der Tätigkeit gewährleistet?
— Maßliche Gestaltung (Normen eingehalten?)
— Sinnesphysiologisch begründete Normwerte (Normen)
— Kognitive Ausführbarkeit

Schädigungslosigkeit Ist die Schädigungslosigkeit der Tätigkeit gewährleistet? Prüfe z. B.
— Einhaltung von arbeitshygienischen Normativen und Standards (Lärm, Staub, Beleuchtung, Vibration, toxische Stoffe, physische und neuropsychische Belastung)
— Entstehung von Gesundheitsrisiken durch Belastungen und Expositionen
— Einhaltung von Anordnungen des Arbeits- und Gesundheitsschutzes

Beeinträchtigungsfreiheit Kann Beeinträchtigungsfreiheit garantiert werden? Prüfe z. B.
— Treten Streßerscheinungen auf?
— Sind Monotoniezustände bzw. Zustände psychischer Sättigung beobachtbar?
— Treten unzumutbare Ermüdungszustände auf?

Weiter ist eine Vorsortierung erforderlich:

Tätigkeitsklasse:
(a) Montagetätigkeit
(b) Bedientätigkeit
(c) Überwachungstätigkeit
(d) sonstige

Tätigkeitsart:
(a) Tätigkeit in unmittelbarem Produktionsbereich
(b) Tätigkeit in Produktionsvorbereitung

Fertigungsart:
(a) Massenfertigung
(b) Serienfertigung
(c) Einzelfertigung
(d) Kontinuierliche Prozesse

Fertigungsprinzip:
(a) Werkstattprinzip
(b) Fließprinzip

Angewandte Arbeitsmittel:
(a) Handprozesse
(b) Maschinenprozesse
(c) Automatische Prozesse

Tätigkeitsbewertungssystem/Langform TBS-L
— Merkmale —

Teil A: Organisatorische und technische Bedingungen, welche die Vollständigkeit bzw. Unvollständigkeit von Tätigkeiten beeinflussen

A 1. Vielfalt der Teiltätigkeiten
(Mischung bzw. Entmischung infolge Arbeitsteilung bzw. -kombination und Funktionsteilung Mensch/Arbeitsmittel)

A 1.1. Teiltätigkeiten, deren mittlerer prozentualer Zeitanteil an der gesamten Arbeitszeit und Anzahl ihrer Arbeitsgangstufen
A 1.1. Teiltätigkeiten (TT), deren mittlerer prozentualer Zeitanteil an der gesamten Arbeitszeit und Anzahl ihrer Arbeitsgangstufen (AGST)
A 1.2. Vorbereitungstätigkeiten als Bestandteil des Arbeitsauftrages
A 1.3. Prüftätigkeiten als Bestandteil des Arbeitsauftrages
A 1.3.1. Umfang erforderlicher Prüfprozesse
A 1.3.2. Einordnung der geforderten individuellen Prüftätigkeit in das betriebliche Kontrollsystem
A 1.3.3. Arten möglicher Fehlerbestimmungen
A 1.3.4. Vorgegebene Merkmale für Prüftätigkeiten
A 1.4. Korrekturtätigkeiten als Bestandteil des Arbeitsauftrages
A 1.5. Wartungstätigkeiten als Bestandteil des Arbeitsauftrages
A 1.6. Instandhaltungstätigkeiten als Bestandteil des Arbeitsauftrages
A 1.7. Organisations- und Leitungsfunktionen als Bestandteil des Arbeitsauftrages
A 2. Variabilität der Tätigkeit
A 2.1. Häufigkeit des Wechsels von Aufträgen (Arbeitsgegenständen) bzw. Verfahren, die anforderungsmäßig verschiedene Verrichtungen erfordern
A 2.2. Häufigkeit sich gleichförmig wiederholender Verrichtungen innerhalb einer Teiltätigkeit je Schicht (Arbeitstag)
A 2.3. Dauer von zusammenhängenden Produktionsabschnitten ohne vorhersehbare Handlungserfordernisse (nicht mit auftragsbezogenen Tätigkeiten ausgefüllte Bereitschaftszeiten)
A 3. Objektive Möglichkeiten zur psychischen Automatisierung („routinemäßigen" Ausführung)
A 4. Durchschaubarkeit des Produktions- und Arbeitsprozesses
A 4.1. Erforderliche und angebotene Informationen über zu erreichende Tätigkeitsergebnisse
A 4.2. Erforderliche sowie angebotene Informationen über (Produktions)organisation
A 4.3. Erforderliche und angebotene Informationen über Funktionsweisen von Maschinen bzw. technischen Systemen
A 4.4. Quellen und Arten nutzbarer Rückmeldungen
A 4.5. Differenziertheit von Rückmeldungen über die Güte (durch andere Personen vermittelt)
A 5. Vorhersehbarkeit und zeitliche Bindung (Kopplung) von Anforderungen
A 5.1. Vorhersehbarkeit der Handlungserfordernisse
A 5.2. Zeitbindung: Technisch bzw. organisatorisch bedingte zeitliche Festlegungen bzw. Freiheitsgrade für zeitliches Disponieren eigener Tätigkeiten
A 5.2.1. Zeitbindung von Teiltätigkeiten mit in der Regel vorhersehbaren Anforderungen
A 5.2.2. Zeitbindung von Teiltätigkeiten mit in der Regel nicht vorhersehbarem Ereigniseintritt
A 6. Beeinflußbarkeit des Arbeitsprozesses
A 6.1. Aktivität bzw. Reaktivität: Anteil selbst zu veranlassender Verrichtungen beim Bedienen bzw. Überwachen

Anhang

A 6.2. Vorgeschriebenheit bzw. objektive Freiheitsgrade des Vorgehens: Umfang und Art der im Arbeitsauftrag getroffenen inhaltlichen Vorgaben
A 6.3. Mögliche und erforderliche Entscheidungen
A 6.4. Mögliches bzw. erforderliches Planen eigener Arbeitstätigkeiten
A 7. Körperliche Abwechslung

Teil B: Kooperation und Kommunikation

B 1. Umfang auftragsbedingter, erforderlicher Kontakte (Kommunikation und kooperative Verrichtungen)
B 1.1. Zeitlicher Umfang von Kontakten
B 1.2. Tätigkeitsbezogener Umfang der Zusammenarbeit (Kooperation)
B 2. Formen kooperativer Arbeitstätigkeiten, die sich aus den erforderlichen organisatorisch-technischen Inhalten der gemeinschaftlichen Festlegungen bzw. Ziele ergeben
B 3. Variabilität erforderlicher kooperativer Verrichtungen
B 4. Kommunikationen
B 4.1. Auftragsbedingte Kommunikationsinhalte
B 4.2. Möglichkeiten zur nicht auftragsbedingten Kommunikation im Kollektiv während der Arbeitszeit und in Pausen

Teil C: Verantwortung, die aus dem Arbeitsauftrag folgt

C 1. Inhalte individueller Verantwortung
C 2. Umfang des individuell zu verantwortenden Ergebnisses für andere
C 3. Kollektive Verantwortung für die Leistung

Teil D: Erforderliche geistige (kognitive) Leistungen

D 1. Hauptebenen der psychischen Ausführungsregulation von Tätigkeiten
D 1.1. Hauptebenen der psychischen Ausführungsregulation
D 1.2. Vielfalt beteiligter Hauptebenen der Ausführungsregulation
D 2. Erforderliche Informationsaufnahmeprozesse
D 2.1. Erforderliche Orientierungsleistungen (in der Umgebung) und Beurteilungen
D 2.2. Vielfalt von tätigkeitsregulierenden Wahrnehmungsvorgängen und -inhalten
D 2.3. Erforderliches Fachwissen (Kenntnisse)
D 3. Erforderliche intellektuelle Informationsverarbeitungsprozesse
D 3.1. Differenzierung erforderlicher intellektueller Verarbeitungsleistungen
D 3.2. Erforderliche Abbildungs- (Repräsentations)ebenen von Verarbeitungsleistungen

Teil E: Qualifikations- und Lernerfordernisse

E 1. Inanspruchnahme der geforderten und verfügbaren beruflichen Vorbildung durch die untersuchte Tätigkeit (T)
E 2. Bleibende arbeitsauftragsbedingte Lernerfordernisse

Literaturverzeichnis

ALIOTH, A., und J. UDRIS: Fragebogen zur subjektiven Arbeitsanalyse [SAA]. ETH Zürich, Lehrstuhl für Arbeits- und Betriebspsychologie, 1977 (unveröffentl.)
ALTHOFF, K.: Untersuchungen zum Einfluß von Berufsausbildungen und Berufstätigkeiten auf Testergebnisse und Eignungsdispositionen. Diss. Phil-Fak. Universität Gießen 1968
ANANJEW, A. N.: Der Mensch als Gegenstand der Erkenntnis, Berlin 1974
BAARSS, A., S. GAMPERT, W. HACKER, P. RICHTER und P. WENDRICH: Verfahren und Ansätze zur Bestimmung anforderungsrelevanter Kriterien von Arbeitstätigkeiten, in: W. HACKER und H. RAUM (Hrsg.), Optimierung von kognitiven Arbeitsanforderungen, Berlin 1980
BAARSS, A., W. HACKER, W. HARTMANN, A. IWANOWA, P. RICHTER und S. WOLFF: Psychologische Arbeitsanalyse zur Erfassung der Persönlichkeitsförderlichkeit von Arbeitsinhalten (S. 127—164), in: F. FREI und E. ULRICH (Hrsg.), Beiträge zur psychologischen Arbeitsanalyse, Bern 1981
BACHMANN, W., W. HEINROTH und K. RENKER: Psychohygienische Probleme der Berufsarbeit. Z. ges. Hyg., 24, 8, S. 588—594, 1982
BACHMANN, W., P. MARKS und U. WELLGART: Zusammenhänge zwischen Tätigkeitsanforderungen und psychovegetativen Beschwerden bei Leitungskadern. Z. ges. Hyg., 27, 1, S. 17—20, 1981
BAMBERG, E., und S. GREIF: Stress — Bedrohung der Gesundheit oder subjektiver Begriff. Psychosozial (rororo-Sachbuch) 5, 1, S. 8—28, 1982
BRÄUNLICH, A., und G. KONETZKE: Entwicklungstendenzen, Bekämpfung und Begutachtung von Berufskrankheiten in der DDR. Z. ges. Hyg. 25, 9, S. 675—680, 1979
BERNOTAT, R., D. DEY und H. WIDLOK: Die Voranzeige als anthropotechnisches Hilfsmittel bei der Führung von Fahrzeugen, Forschungsbericht Nr. 1893 des Landes Nordrhein-Westfalen, Köln/Opladen 1968
BROUSSEAU, K. R.: Personality and job experience. Organizational Behavior and Human Performance 22, S. 235—252, 1978
BROWN, G. L., und T. HARRIS: Social origins of depression: A study of psychiatric disorder in woman, London 1978
BRUGGEMANN, A.: Unterscheidung verschiedener Formen der Arbeitszufriedenheit. Arbeit und Leistung 28, 11, S. 281—284, 1974
BYKOW, K. M.: Großhirnrinde und innere Organe, Berlin 1953
CAPLAN, R. D., and K. W. JONES: Effects of work load, role ambiguity, and type-A personality on anxiety, depression and heart rate. J. appl. Psychol. 60, S. 713—719, 1975
CHMELA, M. von: Methode zur arbeitswissenschaftlichen Bewertung industrieller Erzeugnisse. Sozialistische Arbeitswissenschaft 20, 3, S. 186—192, 1976
COOK, T. D., and D. T. CAMPBELL: The design and conduct of quasi-experiments and true experiments in field settings, in: DUNNETTE, M. D. (Hrsg.), Handbook of Industrial and Organizational Psychology, Chicago 1976, S. 223—326
COOPER, L., and J. MARSHALL: Occupational Sources of Stress: A review of the literature relating to coronary disease and mental illhealth. J. Occup. Psychol. 49, 1, S. 11—28, 1976
DAHMS, S.: Analyse von Zielbildungsprozessen, Diplomarbeit TU Dresden 1976 (unveröffentl.)
DOERKEN, W.: Menschgerechte Arbeit, Refa-Nachrichten 29, 3, S. 145—154, 1976
EHRICH, P.: Untersuchung zum Einfluß der persönlichen, sozialen und beruflichen Entwicklung und Haltung von Jugendlichen auf Arbeitsleistung und Krankenstand. Ergonomische Berichte 4, Berlin 1970
ENDERLEIN, G., H.-G. HÄUBLEIN, H. THIELE und W. WIESNER-BALCKE: Zu Fragen der Krankenstandsepidemiologie in unserer entwickelten sozialistischen Gesellschaft. Z. ges. Hyg. 21, S. 475—486, 1975
ENGELS, F.: Herrn Eugen Dührings Umwälzung der Wissenschaft, in: K. MARX und F. ENGELS, Werke, Bd. 20, Berlin 1969

FAHRENBERG, J.: Die Freiburger Beschwerdenliste (FBL), Z. klin. Psychol. 4, S. 79—100, 1975
FITTS, P. M., and M. I. POSNER: Human Performance, Belmont 1968
FRANK, K.-O.: Soziologische Forschung enthüllt Ursachen des Krankenstandes. Sozialversicherung und Arbeitsschutz 1969, 12, S. 5—7
FRANKENHAEUSER, M.: Coping with job stress — a psychological approach, Bericht des Department of Psychology, University of Stockholm, 532, 1978
FREI, F.: Handlungsorientierte Tätigkeitsanalysen mit dem „Fragebogen zur Arbeitsanalyse". Angewandte Arbeitswissenschaft. Mitteilungen des IfaA. Nr. 72, Köln 1977
FRENCH, J. R. P. jr.: Person-role fit, in: A. MCLEAN (Ed.) Occupational stress, Springfield 1974
FRIELING, E.: Die Arbeitsplatzanalyse als Grundlage der Eignungsdiagnostik, in: J. K. TRIEBE und E. ULRICH (Hrsg.), Beiträge zur Eignungsdiagnostik, Bern/Stuttgart/Wien 1979
GARDELL, B.: Psychosoziale Aspekte der Arbeitsumwelt. Aktuelle Informationen aus Schweden Nr. 160, Svenska-Institut 1977
GARDELL, B.: Arbeitsgestaltung, intrinsische Arbeitszufriedenheit und psychische Gesundheit, in: M. FRESE, S. GREIF und N. SEMMER (Hrsg.), Industrielle Psychopathologie, Berlin 1978
GLESERMANN. G. J.: Entwicklung, Erziehung und Selbsterziehung der Persönlichkeit. Sowjetwissenschaft, Ges.-wiss. Beitr. 10, S. 1067—1082, 1976
GRAESSER, A. (II), and G. MANDLER: Limited Processing Capacity, constrains the Storage of unrelated Sets of Words and Retrieval from Natural Categories. J. Exp. Psychol. 4 (HLM) Nr. 1, S. 86—100, 1978
GREIF, S., I. UDRIS u. a.: Objektive Tätigkeitsanalyse, in: Methodik des Projekts „Stress am Arbeitsplatz" TU Berlin-West und ETH Zürich 1980
GREIF, S., und E. SCHMIDT-HUBER: Stress am Arbeitsplatz: Konzepte, Probleme, Ergebnisse. Referat zum Deutsch-Sowjet. Symposium zur Arbeits- und Sozialmedizin, April 1981, Falkenstein (Manuskript)
GREIF, S., und I. UDRIS: Stress, in: E. ULRICH (Hrsg.), Wörterbuch der Arbeitspsychologie. Berlin 1983
GREIF, S.: Intelligenzabbau und Dequalifizierung durch Industriearbeit? In: M. FRESE, S. GREIF und N. SEMMER (Hrsg.), Industrielle Psychopathologie, Berlin 1978
GUTJAHR, W.: Die Messung psychischer Eigenschaften, Berlin 1971
HACKER, W.: Allgemeine Arbeits- und Ingenieurpsychologie, Berlin 1980
HACKER, W.: Verfahren der psychologischen Anforderungsanalyse. Informationen der Technischen Universität Dresden (22-13-78) 1978
HACKER, W.: Psychische Anforderungen, in: F. STOLL (Hrsg.), Psychologie des XX. Jahrhunderts, Bd. XIII: Anwendungen im Berufsleben, Zürich/München 1979
HACKER, W., B. MATERN, P. RICHTER und G. STROHBACH: Progressive Arbeitsinhalte: Psychologische Gestaltungswege und ihre Wirkungen. Die Technik 33, S. 288—290, 1978
HACKER, W., und A. IWANOWA: Psychologische Arbeitsanalyse und -bewertung: Das Tätigkeitsbewertungssystem — ein Hilfsmittel beim Erfassen potentiell gesundheits- und entwicklungsfördernder objektiver Tätigkeitsmerkmale. Psychol. u. Prax. (in Vorber.)
HACKMANN, J. R., and G. R. OLDHAM: The Job Diagnosis Survey: An instrument for the diagnosis of jobs and the evaluation of job redesign projects. Techn. Rep. 4. Yale University 1974
HAGER, K.: Zu Fragen der Kulturpolitik der SED, Berlin 1972
HARRISON, R. van: Person-environment fit and job stress, in: C. L. COOPER und R. PAYNE (Eds.), Stress at work, New York 1978, S. 175—205
HÄUBLEIN, H.-G., G. SCHULZ, J. GUTEWORT und E. BLAU: Das arbeitshygienische Professiogramm als Arbeitsmittel des Betriebsarztes. Z. ges. Hyg. 33, 11, S. 838—841, 1977
HELD, R., A. EFSTATHIOU and B. GREEN: Adaptation to displaced and delayed visual feedback from the hand. J. Exp. Psychol. 72, S. 887—891, 1966
Herausgeberkollektiv: Handbuch für den Gesundheits- und Arbeitsschutz, Berlin 1976 (Bd. 1), 1978 (Bd. 2)
HERRMANN, Th.: Persönlichkeitsmerkmale. Bestimmung und Verwendung in der psychologischen Wissenschaft, Stuttgart/Berlin/Köln/Mainz 1973
HILL, A. B.: Extraversion and variety seeking in a monotonous task. Brit. J. Psychol. 66, 1, S. 9—14, 1975
HÖCK, K.: Neurose in Zahlen. Deine Gesundheit 11, S. 339—341, 1976
HÖCK, K., und H. HESS: Der Beschwerdenfragebogen (BFB), Berlin 1975

HOENE, B.: Die Fluktuation verursacht beträchtliche Arbeitszeitverluste. Arbeit und Arbeitsrecht 31, 1, 1976
HÖHL, H., und J. RICHTER: Gesichtspunkte für die Gestaltung der Abmessungen des Arbeitsplatzes für Frauen. Arbeitsök. und Arbeitsschutz 5, 6, S. 529—544, 1961
HOLZKAMP-OSTERKAMP, U.: Motivationsforschung (1 und 2), Frankfurt (Main/New York 1975, 1976
HOUSE, J. S., and J. A. WELLS: Occupational stress, social support and health, Conf. „Reducing Occupational Stress", New York 1977
HURRELMANN, P., und H. STACH: Bewertung einiger Aspekte der Arbeitssituation durch Produktionsarbeiter. WTZ für Arbeitsschutz beim Ministerium für Bauwesen der DDR, Berlin 1973 (unveröffentl.)
IWANOW-SMOLENSKI, A. G.: Grundzüge der Pathophysiologie der höheren Nerventätigkeit, Berlin 1964
JOHANSSON, G., G. ARONSON and B. O. LINDSTRÖM: Social psychological and neuroendocrine stress reactions in highly mechanized work. Report from the Department of Psychology/University of Stockholm Nr. 488, 1976
KARASEK, R. A.: Job demands, job decision latitude, and mental strain. Admin. Scien. Quart. 24, S. 285 to 311, 1979
KARG, W., und H. STAEHLE: Analyse der Arbeitssituation — Verfahren und Instrumente, Freiburg 1982
KASIELKE, E., S. MÖBIUS und CHR. SCHOLZE: Die Beschwerdeerfassungsbogen als neurosendiagnostische Verfahren, in: J. HELM, E. KASIELKE und J. MEHL (Hrsg.), Neurosendiagnostik, Berlin 1974
KASL, S. V.: Epidemiological contributions to the study of work stress, in: C. L. COOPER and R. PAYNE (Eds.), Stress at work, New York 1978
KLIX, F.: Strukturelle und funktionelle Komponenten des menschlichen Gedächtnisses, in: F. KLIX (Hrsg.), Psychologische Beiträge zur Analyse kognitiver Prozesse, Berlin 1976
KOHN, M. L., and C. SCHOOLER: Occupational experience and psychological functioning: An assessment of reciprocal effects. Americ. Sociol. Rev. 38, S. 97f., 1973
KÖNIG, C.: Probleme der Planung von Untersuchungen zur Entwicklung intellektueller Fähigkeiten bei berufstätigen Erwachsenen, Informationen der TU Dresden 22-22-80, 1980b
KÖNIG, C.: Zu einigen methodischen Problemen mehrdimensionaler Untersuchungen der Entwicklung intellektueller Fähigkeiten bei berufstätigen Erwachsenen, Informationen der TU Dresden 22-19-80, 1980a
KORNHAUSER, A.: Mental health of the industrial worker, New York 1965
KREIBICH, H., S. KRITSIKIS und S. EITNER: Zur Problematik der Beziehung zwischen Berufsarbeit, Gesundheitszustand, Häufigkeit und Dauer der Arbeitsunfähigkeit. Dt. Ges.wesen 36, S. 1708—1711, 1968
LABOUVIE-VIEF, G., and J. N. GONDA: Cognitive strategy training and intellectual performance in the elderly. J. Geron. 31, S. 327—332, 1976
LAZARUS, R. S.: Psychological stress and coping, New York 1966
LEONTJEW, A. N.: Tätigkeit, Bewußtsein, Persönlichkeit, Moskau 1975 (russ.) Berlin 1979
LÖWE, H., und H. ALMEROTH: Untersuchungen zur intellektuellen Lernfähigkeit im Erwachsenenalter. Probl. Erg. Psychol. 53, S. 5—36, 1975
LOMOW, B. F.: Ingenieurpsychologie, Berlin 1964
LOMOW, B. F., und W. F. WENDA: Wissenschaftlich-technische Revolution und die Aufgaben der angewandten Psychologie (russ.), in: B. F. LOMOW und W. F. WENDA (Hrsg.), Methodologie der Ingenieurpsychologie, Arbeitspsychologie und Leitungswissenschaft, Moskau 1981 (russ.)
LONG, J.: Effects of randomly delayed visual and auditory feedback on keying performance. Ergonomics 18, 3, S. 337—347, 1975
LÜDERITZ, P.: Die nachweisbaren Wirkungen von Kohlenmonoxid auf den menschlichen Organismus. Z. ges. Hyg. 18, 12, S. 898—902, 1972
LULLIES, H., und D. TRINKER: Taschenbuch der Physiologie, Bd. III/2, Jena 1977
MAHER, J. R. (Hrsg.): Job Enrichment: Motivierung durch Arbeitsgestaltung, darin: MAHER, J. R.: Bereicherung einfacher Tätigkeiten (S. 49—70), Zürich 1976
MARGALIS, B. L., W. H. KROES and R. P. QUINN: Job Stress, an unlisted occupational hazard. J. occup. Med. 16, S. 654—661, 1974
MARSTEDT, G., und K. SCHAHN: Eine Analyse des Zusammenhangs von Arbeitsbedingungen und psychischen Störungen. Psychol. und Praxis XXI, S. 1—12, 1977
MARX, K.: Das Kapital, in: K. MARX und F. ENGELS, Werke, Bd. 23, Berlin 1962

Marx, K., und F. Engels: Ausgewählte Schriften in 2 Bänden, Bd. 2, Berlin 1952
Matern, B.: Über die Güteklassenzuordnung von Kunstseiden aufgrund von Wahrnehmungskriterien. Probl. Erg. Psychol. 15, S. 39—52, 1965
Matern, B.: Einfluß der Art der Signaldarbietung auf das Erlernen funktioneller Beziehungen, in: W. Hacker (Hrsg.), Psychische Regulation von Arbeitstätigkeiten, Berlin 1976
Matern, B.: Mentale Repräsentationen funktioneller Beziehungen: Entstehung, Beschaffenheit und Funktion. Diss. (B) TU Dresden, Fak. f. Naturwissenschaften u. Mathematik, 1977
Matern, B.: Totzeitprobleme in Regelsystemen — Konsequenzen für die Gestaltung von Steuer- und Überwachungstätigkeiten. Informationen der Technischen Universität Dresden 22-14-1978
McCormick, E. J.: Human factors engineering, New York/London 1964
McCormick, E. J., P. R. Jeanneret and R. C. Mecham: The development and background of the Position Analysis Questionnaire (PAQ), Purdue University 1969
Meier, A.: Zur Vorbereitung des Nachwuchses der Arbeiterklasse. Lebensweise/Kultur/Persönlichkeit, Berlin 1975
Meissner, M.: The long arm of the job: A study of work and leisure. Industrial relations 10, S. 239—260, 1971
Meister, W.: Psychische Beanspruchung im Arbeitsprozeß, in: F. Kulka (Hrsg.), Arbeitspsychologie für die industrielle Praxis, Berlin 1968
Meister, W.: Arbeitspsychologische Methoden und Ergebnisse zur arbeitshygienischen Professiographie. Forschungsbericht. Forschungsverband Arbeitsmedizin, Berlin 1976
Meister, A., A.-M. Metz, H. Seidel und D. Bräuer: Zur experimentellen Begründung arbeitshygienischer Standards, Probl. Erg. Psychol. 61, S. 39—61, 1977
Meister, W., und A. Seeber: Arbeitspsychologische Beiträge bei arbeitsmedizinischen Tauglichkeits- und Überwachungsuntersuchungen. Probl. Erg. Psychol. 65, S. 17—21, 1978
Metz, A.-M.: Belastende physikalische Bedingungen der Arbeitsumgebung und neuropsychische Beanspruchungen, Dissertation B, Zentralinstitut für Arbeitsmedizin Berlin 1982
Metz, A.-M., und Chr. Paul: Arbeitspsychologische Untersuchungen in der polygrafischen Industrie. Arbeitsmedizininformation 9, S. 38—42, 1982
Meyer, G.: Arbeitsbedingungen und Analgeticaverbrauch im Betrieb, in: Psychologie als gesellschaftliche Produktivkraft. Ber. 1. Kongreß Ges. Psychol. d. DDR, S. 264—269, Berlin 1965
Morgan, C. T., J. S. Cook III, A. Chapanis and M. W. Lund (Eds.): Human Engineering Guide to to Equipment Design, New York/Toronto/London 1963
Mowbray, G. H., and J. W. Gebhard: Man's senses as informational chanals, in: H. W. Sinaiko (Ed.): Selected Papers on Human Factors in the Design and Use of Control Systems, New York 1961
Nachreiner, F. D., D. Wucherpfennig, G. Ernst und J. Rutenfranz: Zur Bevorzugung unterschiedlicher vorgegebener Arbeitsstrukturen durch Fließbandarbeiter. Z. Arb. wiss. 30, 4, S. 193—203, 1976
Nehring, R.: Entwicklung eines Verfahrens zur subjektiven Tätigkeitsbewertung (STB), Dissertation naturwiss.-math. Fakultät der TU Dresden 1982
Neisser, U.: Kognitive Psychologie, Stuttgart 1974
Neuberger, O., und M. Allerbeck: Messung und Analyse der Arbeitszufriedenheit, Bern 1978
Neubert, J., und R. Tomczyk: Mit regulationsorientiertem Handlungstraining zur Optimierung von Arbeitsverfahren. Soz. Arb. wiss. 20, 6, S. 438—445, 1976
Nitsch, J. R.: Das Ermüdungsproblem in kybernetischer Sicht. Arbeit und Leistung 26, 8, S. 201—203, 1972
Nitsch, J. R.: Die Eigenzustandsskala (EZ-Skala) — ein Verfahren zur hierarchischen mehrdimensionalen Befindlichkeitsskalierung, in: J. R. Nitsch und I. Udris: Beanspruchung im Sport. Training und Beanspruchung, Bd. 4, Bad Homburg v. d. H. 1976
Nitsch, J. R., und I. Udris: Beanspruchung im Sport. Training und Beanspruchung, Bd. 4., Bad Homburg v. d. H. 1976
Nitsch, J. R. (Hrsg.): Stress, Bern 1980
Paul, Ch., und J. Richter: Empirische Untersuchung über das Abbild funktioneller Beziehungen von Prozeßparametern als Ausgangspunkt für die Trainingsgestaltung. 4. Kongreß Gesellsch. f. Psychologie der DDR, Leipzig 1975
Pawlow, I. P.: Gesammelte Werke, Berlin 1953/56
Petermann, A., und W. Kneist: Herz-Kreislauf-Erkrankungen und Arbeitsunfähigkeit. Z. ges. Hyg. 27, S. 379—384, 1981

PETROSCHENKO, P. F.: Einfluß des wissenschaftlich-technischen Fortschritts auf Arbeitsinhalt und Arbeitsorganisation, Moskau 1975 (russ.)
PICKENHAIN, L.: Grundriß der Physiologie der höheren Nerventätigkeit, Berlin 1959
PICKENHAIN, L.: Zur Einordnung der psychischen Erscheinungen als Integrationsebene der Umweltbeziehungen des Menschen. Psychiatr. Neurol. med. Psychol. 27, 11, S. 660—667, 1975
PLATH, H.-E.: Analyse und Bewertung von Arbeitsinhalten bei Bedientätigkeiten. Forschungsbericht. ZfA Dresden 1976
PLATH, H.-E.: Analysemethoden, Ergebnisse und Ansätze zur Gestaltung progressiver Arbeitsinhalte aus arbeitspsychologischer Sicht. Soz. Arb. wiss. 21, 8, S. 561—584, 1977
PLATH, H.-E., und P. RICHTER: Der BMS (I)-Erfassungsbogen — Ein Verfahren zur skalierten Erfassung erlebter Beanspruchungsfolgen. Probl. Erg. Psychol. 65, S. 45—85, 1978
PLATONOW, K. K.: Das Persönlichkeitsprinzip in der Psychologie, in: E. W. SCHOROCHOWA (Hrsg.), Methodologische und theoretische Probleme der Psychologie, Berlin 1974
POKORNEY, J. J., D. C. GILMORE and T. A. BEEHR: Job diagnostic survey dimensions. Organizational Behavior and Human Performance 26, S. 222—237, 1980
POSNER, M. I.: Kognitive Psychologie, München 1976
PRESCHER, W.: Untersuchungen zum Einfluß von hohen Lufttemperaturen auf die Beanspruchung und Arbeitsleistung bei der Ausführung einer modellierten Baggertätigkeit, in: W. BACHMANN u. a. (Hrsg.), Forschungsergebnisse der Arbeitsmedizin, Arbeitsmedizininformation, 8, Nr. 3 bis 6, S. 226—230, 1981
REIMER, W., J. KOPSKE, E. REBOHLE und R. STÜMPER: Arbeitsmedizinisches und arbeitspsychologisches Dispensaireprogramm für Leitungskader. Arbeitsmedizininformation, 8, 3—6, S. 32—35, 1981
RENTZSCH, M.: Einfluß von Lärm auf die Leistungsparameter des Systems Mensch—Maschine. Schriftenreihe Arbeitsschutz 36, Berlin 1975
RICHTER, M.: Gesundheitszustand und Persönlichkeit von Werktätigen mit gehäufter Arbeitsunfähigkeit. Z. ges. Hyg. 24, 11, S. 881—885, 1978
RICHTER, P.: Bewertung des Einflusses sozialer und personaler Faktoren auf die Arbeitsunfähigkeit. Soz. Arb. wiss. 20, 2, S. 122—129, 1976
RICHTER, P. G., und P. RICHTER: Beanspruchungsoptimierung als Gestaltungsanliegen — Analyse und Bewertungsmethoden, in: W. HACKER, und H. RAUM (Hrsg.), Optimierung von kognitiven Arbeitsanforderungen, Berlin 1980
RICHTER, P., und U. STARKE: Qualitätsverbesserung und Belastungsminderung bei visueller Fehlersuche durch Aufgabenerweiterung und Tätigkeitswechsel. Soz. Arbeits.wiss. 20, 6, 1976
RICHTER, P., und H. ENGELMANN: Zusammenhänge zwischen Arbeitsanforderungen, Gesundheitszustand und Beanspruchungserleben nach langjähriger Tätigkeitsausführung, 4. Dresdner Symposium zur Arbeits- und Ingenieurpsychologie, (Kurzfassungsband), TU Dresden 1982
RICHTER, P., F. Ch. SCHMIDT und A. MALESSA: Tätigkeitsregulation und kardiovaskuläre Erkrankungen. Z. ges. Hyg. 1983 (in Vorber.)
RICHTER, P., W. MEISTER u. a.: Objektives Screeningverfahren zur neuropsychischen Beanspruchung und Belastung, HFR Arbeitsbedingte Erkrankungen beim ZAM Berlin 1984 (in Vorber.)
ROHMERT, W., und H. LUCZAK: Zur ergonomischen Beurteilung informatorischer Arbeit. Int. angew. Physiol. 31, S. 209—229, 1973
ROSENSTIEL, L. von: Arbeitsleistung und Arbeitszufriedenheit. Z. Arbeitswissenschaft 29, 2, S. 72—83, 1975
ROTHE, S.: Ziele und Teilziele in Arbeitstätigkeiten. Informationen der TU Dresden, 22-17-78, 1978
RUBINSTEIN, S. L.: Theoretische Fragen der Psychologie und das Persönlichkeitsproblem, in: Beiträge zur Psychologie der Persönlichkeit. Informationsmaterial aus der pädagogischen Literatur der Sowjetunion und der Länder der Volksdemokratien 25, 1959
RUBINSTEIN, S. L.: Sein und Bewußtsein, Berlin 1962
SANDERS, A. F.: Psychologie der Informationsverarbeitung, Bern/Stuttgart/Wien 1971
SARAKOWSKIJ, G. M.: Psychophysiologische Analyse der Arbeitstätigkeit, Moskau 1966 (russ.)
SCHAIE, K. W.: Intelligenzwandel im Erwachsenenalter. Z. Geront. 1980
SCHINDLER, R., und K.-P. TIMPE: Zuverlässigkeit und Belastung in der Arbeitstätigkeit, in: F. KLIX und K.-P. TIMPE (Hrsg.), Arbeits- und Ingenieurpsychologie und Intensivierung, Berlin 1979
SCHLEICHER, R.: Die Intelligenzleistung Erwachsener in Abhängigkeit vom Niveau beruflicher Tätigkeit. Probl. Erg. Psychol. 44, S. 25—56, 1973

SCHMIDT, K. H., U. KLEINBECK und J. RUTENFRANZ: Arbeitspsychologische Effekte von Änderungen des Arbeitsinhalts bei Montagetätigkeiten. Z. Arbeitswiss, 35, 2, S. 162—167, 1981
SCHMIDT, K. H., W. SCHWEISFURTH, U. KLEINBECK und J. RUTENFRANZ: Einige arbeitspsychologische Effekte zur Wirkung von Arbeitsinhaltsveränderungen. Z. Arbeitswiss. 33, 2, S. 101—107, 1981
SCHMIDTKE, H.: Zur Frage der informationstheoretischen Analyse von Wahlreaktionsexperimenten. Psychol. Forsch. 26, 1961
SCHMIDTKE, H.: Die Ermüdung, Bern/Stuttgart 1965
SCHMIDTKE, H.: Ergonomische Bewertung von Arbeitssystemen — Entwurf eines Verfahrens, Wien 1976
SCHMIDTKE, H., und H. SCHMALE: Optische Reaktionszeit als leistungsbegrenzender Faktor bei Kontrolltätigkeiten. Psychol. und Praxis 4, S. 147—155, 1960
SCHNEIDER, H., und A. SEEBER: Psychodiagnostik bei der Erfassung neurotischer Wirkungen chemischer Schadstoffe. Z. Psychol. 187, 2, S. 178 f., 1979
SCHOBER, H.: Das Sehen, Bd. 1: Mühlhausen/Th. 1950, Bd. 2: Leipzig 1958
SCHULZ, P.: Regulation und Fehlregulation im Verhalten II. Stress durch Fehlregulation. Psychol. Beitr. 21, S. 597—621, 1979
SCHWIERZ, L.: Analyse und Wirkung äußerer Arbeitsbedingungen sowie sozialpsychologischer Faktoren auf den Krankenstand. Probl. Erg. Psychol. 60, S. 5—22, 1977
SEEBER, A., H. SCHNEIDER und H. J. ZELLER: Ein psychologisch-neurologischer Fragebogen (PNF) als Screeningmethode zur Beschwerdenerfassung bei neurotoxisch Exponierten. Probl. Erg. Psychol. 65, S. 23—44, 1978
SEMMER, N.: Stress at work, stress in private life, and psychological wellbeing, in: W. BACHMANN and I. UDRIS (Eds.), Mental Load and Activity. Berlin 1982
SINTSCHENKO, W. P., W. M. MUNIPOW und G. L. SMOLJAN: Ergonomische Grundlagen der Arbeitsorganisation, Berlin 1976
STEVENS, S. S.: Handbook of Experimental Psychology, New York 1951
STRAUB, W.: Zur Methodik der Bestimmung von Wirkungen der Belastung durch vorwiegend geistige Arbeit, in: W. HACKER, W. SKELL und W. STRAUB (Hrsg.), Arbeitspsychologie und wissenschaftlich-technische Revolution, Berlin 1968
STRAUBE, B., P. RICHTER und P. G. RICHTER: Anwendung der Theorie unscharfer Mengen zur integrativen Bestimmung des Grades der psychischen Beanspruchung, Informationen der TU Dresden, 22-5-78, 1978
STROHBACH, G.: Beziehungen zwischen Kooperationsstruktur und Kollektiventwicklung in Produktionsbrigaden. Diss. Phil. Fak. F.-Schiller-Universität Jena 1975
TENT, L.: Untersuchungen zur Erfassung des Verhältnisses von Anspannung und Leistung bei vorwiegend psychisch beanspruchenden Tätigkeiten. Arch. ges. Psychol. 115, 1/2, S. 106—170, 1963
TERBORG, J. R., und G. A. DAVIS: Evaluation of a new method for assessing change to planned job redesign as applied to Hackman and Oldham's job characteristic model. Organizational Behavior and Human Performance 29, S. 112—128, 1982
TIMPE, K. P.: Zuverlässigkeit in der Arbeitstätigkeit — Möglichkeiten und Grenzen der Anwendung der Zuverlässigkeitstheorie in der Arbeits- und Ingenieurpsychologie. Diss. (B) Humboldt-Univ. Berlin 1978
STOLLBERG, R.: Soziologische Probleme der Motivierung und Stimulierung sozialistischen Arbeitsverhaltens. DZfPh 23, 3, S. 458—461, 1975
THEOLOGUS, G., C. ROMASHKO and E. A. FLEISHMAN: Development of a taxonomy of human performance: A feasibility study of ability dimensions for classifying human tasks. Am. Inst. for Research. Washington 1970
TRIEBE, J. K., und E. ULICH: Eignungsdiagnostische Zukunftsperspektiven: Möglichkeiten einer Neuorientierung, in: J. K. TRIEBE und E. ULICH (Hrsg.), Beiträge zur Eignungsdiagnostik, Berlin/Stuttgart/Wien 1977
UDRIS, I.: Fragebogen zur Einschätzung der Arbeitsbeanspruchung, (FAB) ETH Zürich, Lehrstuhl für Arbeits- und Betriebspsychologie 1977 (unveröffentl.)
UDRIS, I.: Stress in arbeitspsychologischer Sicht, in: J. NITSCH (Hrsg.), Stress — Theorien, Untersuchungen, Maßnahmen, Bern/Stuttgart/Wien 1981
UDRIS, I.: Soziale Unterstützung: Hilfe gegen Stress?, Psychosozial (rororo-Sachbuch) 5, 1, 1982
ULICH, E.: Unterforderung als arbeitspsychologisches Problem. Psychol. u. Prax. 4, 156—161, 1960
ULICH, E.: Neue Formen der Arbeitsstrukturierung. Fortschrittl. Betriebsführ. 23, 3, S. 187—196, 1974
ULICH, E., und H. ULICH: Über einige Zusammenhänge zwischen Arbeitsgestaltung und Freizeit-

verhalten, in: T. LEUENBERGER und K. H. RUFFERMANN (Hrsg.), Bürokratie — Motor oder Bremse der Entwicklung? (S. 209—227), Bern 1977

ULICH, E.: Subjektive Tätigkeitsanalyse als Voraussetzung autonomieorientierter Arbeitsgestaltung, in: F. FREI und E. ULICH (Hrsg.), Beiträge zur psychologischen Arbeitsanalyse, S. 327—348, Bern 1981

VOLPERT, W.: Handlungskompetenz und Sozialisation, in: S. GÜLDENPFENNIG, W. VOLPERT und P. WEINBERG (Hrsg.), Sensumotorisches Lernen und Sport als Reproduktion der Arbeitskraft, Köln 1974

VOLPERT, W.: Zur Erforschung effektiver innerer Modelle, in: W. HACKER und H. RAUM (Hrsg.), Optimierung kognitiver Arbeitsanforderungen, Berlin 1980/Bern 1980

VOLPERT, W. u. a.: VERA — Verfahren zur Ermittlung von Regulationsanforderungen, TU Berlin-West, 1982 sowie TÜV-Verlag 1983

WASSILEW, W.: Prüfung des Einflusses der Anzahl zu berücksichtigender Parameter bei Informationsintegrationsaufgaben unterschiedlicher Schwierigkeit. Diplomarbeit an der Sekt. Arb. wiss. der TU Dresden 1977 (unveröffentl.)

WHO-Statut vom 7. 4. 1948

WIESNER-BALCKE, W., und G. ENDERLEIN: Der Krankenstand und seine Ursachen — eine Komplexstudie, Forschungsverband Arbeitsmedizin, ZAM Berlin, Forschungsbericht, Berlin 1975 (unveröffentl.)

WINTERFELD, D. von: Entscheidungshilfesysteme. Bericht 28. Kongreß Dt. Gesellsch. f. Psychol. Saarbrücken 1972, Bd. 2, Göttingen 1974

WOLFF, S., und T. WOLFF (unter Mitarbeit von W. HACKER): Tätigkeitsbewertungssystem — Kurzfassung, VE Ingenieurbüro für Rationalisierung des VE Kombinat Nachrichtenelektronik, Berlin 1980

Anordnung über ärztliche Begutachtung vom 18. 12. 1973, GBl. DDR Teil I, 1974, Nr. 3 vom 24. 1. 1974

Beschluß des Präsidiums des Obersten Gerichts der DDR vom 7. 2. 1973: Zur Arbeitsweise bei der Einholung und Prüfung psychiatrischer und psychologischer Gutachten. Neue Justiz, Beilage 2, 1973

Anordnung zur Richtlinie über die Anwendung der wissenschaftlichen Arbeitsorganisation. GBl. DDR, Teil I, Nr. 19, 1975

Einschätzung der Beanspruchungssituation und der Arbeitsbedingungen. Hinweise für den Untersucher. Forschungsverband Arbeitsmedizin der DDR, Berlin 1976

Ergonomische Komplexanalyse, Teil II, III. Forschungsverband Arbeitsmedizin der DDR, Berlin 1972

TGL 2860/56: Zeitgliederung in der Produktion, Begriffe, Kurzzeichen, Erläuterungen

TGL 29432: Rahmenmethodik zur Bewertung der Qualität industrieller Erzeugnisse

TGL 32604: Anthropometrische Werte

TGL 22315: Arbeitsplatzmaße, Körpermaße

TGL 22312: Wirkung mechanischer Schwingungen auf den Menschen

TGL 22310/01: Maximal zulässige Konzentrationen nichttoxischer Stäube in der Luft am Arbeitsplatz

TGL 10724: Arbeitsräume

TGL 10687: Schallschutz

TGL 200-0617: Beleuchtung mit künstlichem Licht

TGL 31343: Projektierungskataloge

TGL 36987: Zeitgliederung

ISO 6385-1981 Ergonomic principles in the design of work systems

ISO R 447-64: Betätigungsrichtung der Steuervorrichtungen an Maschinen

DIN 33400: Gestalten von Arbeitssystemen nach arbeitswissenschaftlichen Erkenntnissen; Begriffe und allgemeine Leitsätze

DIN 33405: Psychische Belastung und Beanspruchung

DIN 66234: Bildschirmarbeitsplätze

DIN 45641: Lärm

DIN 5034: Licht, Beleuchtung

DIN 33402: Körpermaße

VDI-Richtlinie 2058: Lärmbeurteilung bei unterschiedlichen Tätigkeiten

Gost 16456-70: Erzeugnisqualität; ergonomische Kennziffern; Nomenklatur

ZfA: Katalog arbeitswissenschaftlicher Richtlinien (KAR) des ZfA Dresden: Arbeitswissenschaftliche Bewertung von Erzeugnissen — Rahmenmethode (Entwurf) Dresden 1975

MIX
Papier aus verantwortungsvollen Quellen
Paper from responsible sources
FSC® C105338

If you have any concerns about our products,
you can contact us on
ProductSafety@springernature.com

In case Publisher is established outside the EU,
the EU authorized representative is:
**Springer Nature Customer Service Center GmbH
Europaplatz 3, 69115 Heidelberg, Germany**

Printed by Libri Plureos GmbH
in Hamburg, Germany